In Italien seinen Weg finden? In einem französischen Restaurant bedient werden? Während der Rush-hour in der Londoner U-Bahn? In den USA einen intakten Gebrauchtwagen kaufen? In der Schweiz einen Mülleimer finden? – Davon kann Ephraim Kishon ein Lied singen: Es sind dies die alltäglichen Probleme eines wohlmeinenden Weltreisenden.

Ephraim Kishon erzählt von seinen Abenteuern als Tourist in den klimatisierten Hotels der perfekten und sauberen Schweiz, in den Untergrundbahnen des höflichen und humorigen Großbritannien, in den Restaurants des distinguierten und stolzen Frankreich, in den Spielsalons der geschäftstüchtigen und handfesten USA und im Straßengewirr des lebensfrohen und quirligen Italien.

Als satirischer Streifzug durch die Eigenarten des Menschen im allgemeinen und der Menschen und ihrer Länder im besonderen versammelt dieser Band eine Auswahl aus Kishons besten Geschichten.

insel taschenbuch 2393
Ephraim Kishon
Zu Auskünften stets bereit

Ephraim Kishon
Zu Auskünften stets bereit

Auswahl aus
Kishons besten Geschichten

Aus dem Hebräischen von
Friedrich Torberg

Insel Verlag

insel taschenbuch 2393
Erste Auflage 1999
Insel Verlag Frankfurt am Main und Leipzig

Hinweise zu dieser Ausgabe am Schluß des Bandes
Vertrieb durch den Suhrkamp Taschenbuch Verlag
Umschlag nach Entwürfen von Willy Fleckhaus
Satz: Hümmer GmbH, Waldbüttelbrunn
Druck: Friedrich Pustet, Regensburg
Printed in Germany

1 2 3 4 5 6 – 04 03 02 01 00 99

Inhalt

Perfekt bis ins letzte Detail

Der Reisende, der in Mailand einen Zug in nördlicher Richtung besteigt, wird nach einigen Stunden Fahrt eine seltsame Verwandlung beobachten können: die Waggons haben plötzlich zu quietschen aufgehört, die Fahrgäste bringen fieberhaft ihr Äußeres in Ordnung und klauben alle Papierschnitzel vom Boden weg, das Geräusch der Räder läßt einen klaren Rhythmus erkennen, und sogar die Fenster werden wie durch Zauberschlag durchsichtig.

Dann durchfährt der Zug einen dieser unvermeidlichen, endlos langen Tunnels – und wenn er wieder ins Freie kommt, ist man in der Schweiz.

Jetzt tritt auch im Benehmen der Passagiere eine deutliche Veränderung ein. Sie scheinen alle zu den oberen Zehntausend zu gehören. So distinguiert ist die Schweiz. Mutter war eine deutsche Baronin, Vater ein französischer Großfabrikant, und alle Verwandten sind Millionäre; bis auf das schwarze Schaf der Familie, den italienischen Onkel, über den man im Gespräch höflich hinweggeht.

Die Schweiz ist der Traum des Kleinbürgers. Und des Großbürgers. Und der Sozialisten. Und der Revolutionäre und Konservativen und Nihilisten. Die Schweiz, kurzum, ist der Inbegriff aller menschlichen Sehnsüchte. »Schweiz« bedeutet soviel wie »Frieden«. Man könnte die Schweiz auch mit Israel vergleichen, nur ohne Araber an den Grenzen. Wohin man blickt, herrschen Ruhe, Ordnung, Disziplin, Hygiene, Fleiß und Moral.

Ist das nicht furchtbar?

Auch die Hotels halten den höchsten Standard. Es gibt kein Feilschen, keine unangenehmen Überraschungen, kein Straucheln über die Trinkgeldfrage. In jedem Hotel hängt eine deutlich sichtbare Tafel mit Hausregeln und Preislisten, und weder von den einen noch von den anderen wird auch nur im mindesten abgewichen. Unser Hotel in Zürich machte uns beispielsweise mit der folgenden Tarifbesonderheit vertraut:

»Klimaanlage im Zimmer: 10% des Tagespreises.«

Mit Recht. Klimaanlagen bedeuten das Nonplus-ultra an Komfort. Durch einen kleinen, in unerreichbarer Höhe angebrachten Apparat wird die ozonreiche Schweizer Luft, sorgfältig temperiert und gefiltert, in das geschmackvoll eingerichtete Zimmer geleitet. Jeder Atemzug trägt zum Wohlbefinden des Gastes bei. Mag draußen ein noch so heißer Schirokko das Leben unerträglich machen – das Zimmer bleibt erfrischend kühl. Leider kann es manchmal geschehen, daß es keinen Schirokko gibt, und daß, im Gegenteil, die Luft draußen erfrischend kühl ist. Dann allerdings verwandelt sich das geschmackvoll eingerichtete Zimmer in eine Eisgrube.

Infolgedessen ging ich zum Hotelmanager und sprach zu ihm wie folgt:

»Exzellenz! In unsrem Zimmer ist es kalt. Mörderisch kalt. Bitte stellen Sie die Klimaanlage ab!«

Exzellenz zogen die Hausregeln zu Rate und antworteten freundlich:

»Mein Herr, Sie haben ein Zimmer *mit* Klimaanlage genommen.«

»Gewiß. Aber jetzt ist es kalt draußen, und ich möchte, daß Sie dieses verdammte Ding abstellen.«

»Das geht leider nicht. Unsre Klimaanlage ist zentral betrieben.«

»Ich werde mir eine Erkältung zuziehen.«

»Dann müssen Sie wärmere Kleider nehmen«, sagte der Manager und war mir sichtlich böse, daß ich ihn zu einem Bruch der Hausregeln verleiten wollte.

Ich machte einen letzten Versuch:

»Stellen Sie die Klimaanlage ab – und ich zahle Ihnen trotzdem die zehn Prozent Aufschlag. Einverstanden?«

Nun war es mit der Selbstbeherrschung des Managers zu Ende. Für derlei levantinische Sitten hatte er nichts übrig. Sein Gesicht lief rot an.

»Mein Herr«, sagte er eisig, »für nicht geleistete Dienste können wir unseren Gästen nichts berechnen. Wenn Sie für etwas zahlen, dann bekommen Sie es auch. Das ischt alles.«

Und mit einer unwidersprechlichen Handbewegung scheuchte er mich von seinem Antlitz hinweg.

Ich kehrte in unsre Tiefkühlanlage zurück und beriet mich mit meiner Gattin, wie wir dem Tod durch Erfrieren vielleicht doch noch entgehen könnten. Schließlich kauerten wir uns eng umschlungen hinter einen Mauervorsprung, der uns einigen Schutz gegen die unablässig eindringenden Kaltluftströmungen verhieß. Einige Minuten später klopfte es diskret an der Türe. Nein, die Schweizer sind keine Unmenschen. Ein Zimmermädchen brachte uns einen elektrischen Heizstrahler und zwei Decken.

Nach und nach gestalteten sich meine Beziehungen zum Manager etwas freundlicher. Er entpuppte sich – wie alle Schweizer, wenn man sie näher kennenlernt – als ein sehr netter Kerl, nur in Fragen der Haus- und sonstigen Ordnung verstand er keinen Spaß. Und wie sich zeigte, war das nicht einmal der einzige Spaß, den er nicht verstand.

Eines Abends unterhielten wir uns über die Weltlage. Nachdem er mir die schweizerische Neutralität und ich ihm die bedrohte Lage Israels erklärt hatte, sah ich den Zeitpunkt gekommen, einen jüdischen Witz zu erzählen.

»Kennen Sie diesen?« begann ich. »Zwei Juden fahren in der Eisenbahn –«

»Entschuldigen Sie«, unterbrach mich der Manager und rückte seine Brille zurecht. »Was für Juden? Ich meine: woher kamen die beiden Herren?«

»Von irgendwoher. Es ist gleichgültig.«

»Von Palästina?«

»Spielt keine Rolle. Schön, von Palästina. Oder sagen wir besser Israel. Und –«

»Ich verstehe. Sie wollen andeuten, daß die Geschichte bald nach der Gründung Ihres Staates spielt.«

»Richtig. Aber es hat eigentlich nichts mit der Geschichte zu tun. Zwei Juden fahren in der Eisenbahn –«

»Wohin?«

»Egal. Nach Haifa. Es ist wirklich ganz unwichtig. Der Zug fährt plötzlich in einen langen Tunnel ein, und da –«

»Einen Augenblick. Gibt es denn auf der Strecke nach Haifa einen Tunnel?«

»Dann fahren sie eben nach Jerusalem. Gut? Also der Zug –«

»Entschuldigen Sie, mein Herr. Ich fürchte, daß es auch auf der Strecke nach Jerusalem keine Tunnels gibt. Mein Bruder war mit einer Roten-Kreuz-Mission in Palästina, als es noch unter britischem Mandat stand, und er hat mir nie etwas von Tunnels erzählt.«

»Es spielt auch gar keine Rolle. Das sagte ich Ihnen doch schon. Es ist für meine Geschichte ganz gleichgültig, wo die beiden im Zug fahren. Nehmen wir an, sie fahren in der Schweiz. Und –«

»Ah, in der Schweiz! Und um welchen Tunnel, wenn ich fragen darf, handelt es sich? Um den Simplon? Um den St. Gotthard? Oder vielleicht –«

Jetzt war es an mir, zu unterbrechen:

»Es ist vollkommen unwichtig, was für ein Tunnel es war!« rief ich. »Meinetwegen kann es auch der Schlesinger gewesen sein!«

»Der Schlesinger-Tunnel?!« Der Manager brach in dröhnendes Gelächter aus. »Hervorragend! Ein hervorragender Witz! Entschuldigen Sie – das muß ich sofort unsrem Chefportier erzählen! Der Schlesinger-Tunnel! Hahaha...«

Bald darauf schüttelte sich das ganze Hotel vor Lachen. Ich schlich auf die Toilette, ließ es mir angelegen sein, jedes Aufsehen zu vermeiden, und erhängte mich still an einer garantiert unzerreißbaren Schweizer Krawatte.

Ein Hort der Sauberkeit

Unsre erste Begegnung mit der übernatürlichen Schweizer Sauberkeit erfolgte auf der weltberühmten Bahnhofstraße. Wir hatten eines der umliegenden Warenhäuser durchwandert und waren auf der tadellos funktionierenden Rolltreppe in die vierte Etage gelangt, wo wir zwei tadellos verpackte Schokoladeschnitten erwarben, in Cellophan, mit Tellerchen aus Pappe und ebensolchen Löffelchen. Auf dem Weg ins Hotel konnten wir uns nicht länger zurückhalten, öffneten die Verpackung und taten uns an den Schnitten gütlich. Sie schmeckten wunderbar. Noch nie im Leben hatten wir so wunderbare Schokoladeschnitten gegessen, außer vielleicht zwei Tage zuvor in Italien.

Kaum war der letzte Bissen verschluckt, als in unsrem Rücken aufgeregte Zurufe erschollen. Jemand kam uns nachgerannt.

»Entschuldigen Sie«, keuchte ein wohlsituiert aussehender Herr. »Sie haben Ihre Tellerchen verloren!«

Damit hielt er uns die beiden schokoladeverschmierten Pappendeckel hin, die wir auf dem Höhepunkt unsrer Völlerei achtlos weggeworfen hatten.

»Entschuldigen Sie«, sagte auch ich. »Wir haben das Zeug nicht ›verloren‹. Entschuldigen Sie.«

»Ja was denn sonst?«

»Was meinen Sie? Wieso ja was denn sonst?«

»Wie hätte ich es sonst auf dem Straßenpflaster gefunden?«

In diesem Augenblick riß die beste Ehefrau von allen den klebrigen Abfall, den der ehrliche Finder noch immer in der Hand hielt, mit einem raschen »Danke schön!« an sich und zerrte mich weiter.

»Bist du verrückt geworden?!« zischte sie mir zu. »Hast du vergessen?!«

Ich erbleichte. Ja, ich hatte vergessen, daß wir uns in der reinlichen Schweiz befanden, in der blitzblanksten Straße ihrer saubersten Stadt. Auch nicht das kleinste weggeworfene Papierchen war zu sehen. Höchstens da oder dort auf dem Straßenpflaster der eine oder andre ausgebleichte Fleck, der beim Scheuern nicht restlos verschwunden war. In der Ferne liquidierte ein gutgekleideter Straßenkehrer mit einem antiseptischen Besen einige Brotkrumen. Sonst nichts als Sauberkeit, Sauberkeit, Sauberkeit. Und dieses makellose Panorama hatte ich durch den frevlen Wegwurf zweier schmutziger Pappendeckel zu verunstalten gewagt!

Von Scham und Reue zerfressen, faltete ich die beiden Reste behutsam zusammen, mit den Klebeseiten nach innen.

»Das wäre soweit in Ordnung«, sagte ich zu meiner befriedigt nickenden Gattin. »Aber was jetzt? Ich kann das Zeug nicht die ganze Zeit mit mir herumschleppen. Schließlich bleiben wir noch zwei Wochen in der Schweiz ...«

»Sei unbesorgt. Wir werden schon etwas finden, wo wir's auf gesetzliche Weise loswerden. Eine offizielle Abfallstelle oder so etwas.«

Es war elf Uhr vormittags, als sie das sagte. Um zwei Uhr nachmittags hielt ich die beiden Pappendeckelreste noch immer in meinen von Schweiß und flüssiger Schokolade verschmierten Händen. Wenn wir wenigstens ein Papier zum Einwickeln gefunden hätten! Aber dem sehnsüchtig suchenden Blick zeigte sich nichts dergleichen.

Wir bestiegen einen Triebwagen der sprichwörtlich sauberen Zürcher Straßenbahn und setzten uns an ein offenes Fenster. In ein lebhaftes, gestenreiches Gespräch vertieft, warteten wir auf die erste brauchbare Kurve. Dort warf ich den Pappendeckelbrei mit einer raschen Bewegung zum Fenster hinaus.

Die Bremsen kreischten. Nach wenigen Metern kam der Wagen zum Stillstand. Ich stieg folgsam aus, um den verlorenen Wertgegenstand zu holen, und bedankte mich beim Wagenführer: »Sehr aufmerksam von Ihnen. Glücklicherweise ist den Dingern nichts passiert. Danke vielmals.«

Jetzt gerieten wir allmählich in Panik. Mit dem Mute der Verzweiflung wandte ich mich an einen älteren Herrn, der in unsrer Nähe saß, und fragte ihn, was er täte, wenn er sich zum Beispiel eines schmutzigen Stücks Papier entledigen wollte. Der ältere Herr dachte nach und meinte dann, der von mir angenommene Fall sei so unwahrscheinlich, daß er sich ihn kaum vorstellen könne, aber rein theoretisch gesprochen würde er das Papier zu sich nach Hause nehmen und es am Sonntag verbrennen. Ich weihte ihn in mein Geheimnis ein und fügte hinzu, daß das fragliche Papiermaterial in die Kategorie »Abfall«

gehörte. Daraufhin gab er mir seine Adresse und lud uns für den nächsten Nachmittag ein; wir könnten dann gleich ein paar Monate zu Gast bleiben, seine Frau würde sich freuen.

Ich war drauf und dran, seine Einladung anzunehmen, besann mich aber rechtzeitig, daß wir uns ja gar nicht so lange in der Schweiz aufhalten wollten, dankte ihm mit überströmender Herzlichkeit und gab ihm zu verstehen, daß ich von seinem Angebot nur in einem unvorhergesehenen Dringlichkeitsfall Gebrauch machen würde; mittlerweile sei mir nämlich ein andrer, näherliegender Ausweg eingefallen: ich würde das Zeug als »Muster ohne Wert« mit der Post nach Israel schicken.

»Aber was werden sie in Israel damit machen?« erkundigte sich besorgt mein theoretischer Gastgeber.

»Sie werden es in den Jordan werfen.«

Damit war er beruhigt, und wir nahmen tränenreichen Abschied voneinander.

In einem alleenreichen Villenort stiegen wir aus. Mein Plan, die Dunkelheit abzuwarten und das Papierbündel unter einen Baum zu vergraben, erwies sich leider als undurchführbar, weil alle Bäume mit schmiedeeisernen Schutzgittern umgeben waren. Hängenden Kopfes trotteten wir in die Stadt zurück.

Und da – plötzlich – mitten in der Stadtmitte – an einem Laternenpfosten – sah ich einen Abfallbehälter hängen, einen wirklichen, wahrhaftigen, zauberhaft gelb gestrichnen Kasten mit der Inschrift: HALTET ZÜRICH REIN! ABFÄLLE – HIER!

Ich torkelte hin, umklammerte den Kasten wie ein Fliehender die rettende Freistatt, warf den Pappendeckel hinein und schloß meine Frau, deren Antlitz von einem unirdischen Lächeln der Glückseligkeit überstrahlt war, aufschluchzend in die Arme. Dann machten wir uns Hand in Hand auf den Weg in unser Hotel.

»Entschuldigen Sie«, sagte der Polizist, der uns nach wenigen Schritten aufhielt. »Sie müssen Ihr Päckchen wieder herausnehmen. Das ist ein ganz neuer Abfallkorb. Wir wollen ihn reinhalten.«

»Ja ... aber ...«, lallte ich und deutete mit einer lahmen Gebärde auf die Inschrift. »Es heißt doch ganz ausdrücklich: Abfälle – hier!«

»Das gilt nur für Kehricht. Nicht für Müll oder sonstige kompakte Gegenstände. Haltet Zürich rein.«

Ich senkte meinen Arm tief in den Abfallkorb und fischte den Pappendeckel heraus. Mir war zumute wie einem verendenden Reh. Meine Stimme klang mir selber fremd, als ich mich an die beste Ehefrau von allen wandte:

»Es bleibt nichts andres übrig. Ich muß es aufessen!«

»Um Himmels willen! Untersteh dich nicht, dieses dreckige Zeug in den Mund zu nehmen!«

»Gut«, flüsterte ich. »Dann lasse ich's kochen!«

Damit stürzte ich in das Restaurant, an dem wir gerade vorbeikamen. Der Oberkellner sah mich und eilte herbei.

»Abfallpapier?« fragte er dienstfertig. »Wünschen Sie es gedünstet oder gebraten?«

»Gebraten, bitte. Halb englisch.«

»Wie üblich«, nickte der Ober, legte das Zeug auf einen Silberteller und trug es in die Küche.

Nach zehn Minuten brachte er es zurück, dampfend und mit Gemüsen garniert. Ich nahm den ersten Bissen und spuckte ihn aus:

»Das ist ja angebrannt!« rief ich. »Vollkommen ungenießbar!«

Wir sprangen auf und enteilten. Vor unsrem

geistigen Auge erschien der gute, alte Rothschild-Boulevard in Tel Aviv mit Hunderten kleinen Abfallhäufchen, die in der strahlenden Sonne des Mittelmeeres lustig glitzerten.

Garçon, un entrecôte!

Tief im Bois de Boulogne, an der Kreuzung zweier schwer zugänglicher Seitenwege, liegt ein kleines, unauffälliges Restaurant, das nur von Einheimischen frequentiert wird. An jenem Sonntag barst es schier von Gästen, und am Eingang wartete eine Schlange eßlustiger Franzosen auf das Freiwerden von Plätzen. Zwischen den dichtbesetzten Tischen eilten zwei schwitzende, unter der Last ihrer Arbeit tief gebückte Kellner hin und her und bestätigten aufs neue die alte Regel, daß es in einem französischen Restaurant entweder zu viele oder zu wenige Kellner gibt, aber nie die richtige Anzahl. So unverkennbar echt war die Atmosphäre, mit so authentischem Zauber nahm sie mich gefangen, daß ich in sträflichem Leichtsinn alle Warnungen der Eule Lipschitz vergaß und mich an einen Tisch setzte, der wunderbarerweise vollkommen leer inmitten des Lokals stand. Lässig ließ ich mich auf den freien Stuhl nieder (es war nur ein einziger vorhanden), räkelte meine drahtigen Glieder und stellte nicht ohne Befriedigung fest, daß ich mich in verhältnismäßig kurzer Zeit bereits völlig an den Lebensstil der Franzosen angeglichen hatte. Dann griff ich nach der Karte, überflog sie geübten Blicks und entschied mich für ein Entrecôte.

»Garçon!« rief ich in bestem Französisch. »Un entrecôte!«

Der Kellner, einen Ausdruck aristokratischer Unnahbarkeit im Gesicht und sieben hochgetürmte Teller in den Händen, wischte an mir vorbei, ohne mich auch nur anzusehen. Ich wartete, bis er aus der Gegenrichtung wieder den Tisch passierte:

»Garçon! Un entrecôte!«

Diesmal würdigte mich der Aristokrat wenigstens eines flüchtigen Blicks, aber das war auch alles. Ich strich ihn aus der Liste meiner Bekannten. Ohnehin sah sein Kollege, der einen buschigen Schnurbart trug, aussichtsreicher aus:

»Garçon! Un entrecôte!«

Der Angeredete – er trug außer dem Schnurrbart eine noch größere Anzahl von Tellern als sein Vorgänger – verschwand wortlos in der Menge. Jetzt wurde ich doch ein wenig unruhig und fragte mich, ob ich nicht vielleicht in die

Stoßzeit geraten wäre. Rings um mich löste der größere Teil der Pariser Bevölkerung mit hörbarem Vergnügen das sonntägliche Ernährungsproblem. Und mir als einzigem sollte diese Lösung versagt bleiben? Als ich den Aristokraten wieder herannahen sah, sprang ich auf und verstellte ihm den Weg:

»Garçon! Un entrecôte!«

Er rannte mich nieder. Er ging über mich hinweg, als ob er mich nicht gesehen hätte. Ich war unsicher geworden. »Lipschitz!« zuckte es durch mein Hirn, während ich mich mühsam vom Boden erhob. Hatte mir Lipschitz nicht noch in Israel gesagt, daß man als Tourist kein Mensch sei? Offenbar war das ganz wörtlich zu verstehen. Vielleicht war ich schon tot und wußte es nicht...

Ein hungriges Knurren aus meiner Magengegend brachte mich in die Wirklichkeit zurück. Als der Schnurrbart wieder an meinem Tisch vorbeikam, erwischte ich ihn an den Frackschößen:

»Garçon! Un entrecôte!«

»Sofort«, antwortete er und suchte sich verzweifelt aus meinem Doppelnelson herauszuwinden. Aber ich ließ nicht locker. Ich stellte ihm die Frage, die mich schon seit einiger Zeit beschäftigte:

»Warum geben Sie mir nichts zu essen?«

»Das ist nicht mein Tisch!« Er begleitete diese Auskunft mit einigen heftigen Tritten gegen mein Schienbein.

Ich ließ ihn los. Wenn das nicht sein Tisch war, dann hatte ich kein Recht, ihn zurückzuhalten.

Mit erneuter Inbrunst wandte ich mich dem Aristokraten zu, suchte durch lautes Klatschen seine Aufmerksamkeit zu erregen und durch körperliches Dazwischentreten seinen Weg zu blockieren. Er ging abermals durch mich hindurch.

Jetzt begann mein Erfindungsgeist zu arbeiten. Ich konstruierte eine – wenn auch primitive – Falle. Als er das nächste Mal, bepackt mit einer enormen Ladung Desserts, den an meinem Tisch vorüberführenden Engpaß durchbrechen wollte, sprang ich auf, schob meinen Stuhl hinter ihn und schnitt ihm mit einem blitzschnellen Umgehungsmanöver von vorne den Weg ab. Wie ein Obelisk ragte ich vor ihm auf. Jetzt gab es kein Entrinnen für ihn:

»Garçon! Un entrecôte!«

Er versuchte einen strategischen Rückzug, fand aber die Ausfallstraße durch meine Barrikade unpassierbar gemacht.

»Monsieur«, sagte er und maß mich mit einem mörderischen Blick. »Das ist nicht mein Tisch.«

Ich verstand. Endlich verstand ich. Das also war der Grund, warum dieser Tisch so wunderbarerweise leerstand. Es war ein Niemandstisch im Grenzbereich zwischen zwei Großmächten, ein verlassener Vorposten am Rand der Wüste, wo nachts die Schakale heulen und höchstens dann und wann ein Atomphysiker auftaucht. Instinktiv sah ich unter den Tisch, ob dort nicht vielleicht ein paar Skelette lägen. Die Eule Lipschitz fiel mir wieder ein. Ich war ein Tourist. Ich war ein Ausgestoßener. Was sollte aus mir werden? Mit elementarer Gewalt ergriff mich das dem Psychologen so wohlbekannte, urmenschliche Bedürfnis, zu irgend jemandem zu gehören.

»Dein bin ich, dein mit Leib und Seele«, wisperte ich ins Ohr des Aristokraten, der zufällig in meiner Nähe eine kleine Schnaufpause machte. »Ich gehöre dir, ich schare mich um dein Banner, ich –«

»Lassen Sie mich in Ruh oder ich hole die Polizei«, zischte der Aristokrat und brach in westlicher Richtung aus.

Ich begann zu weinen. Nichts ist schlimmer als Einsamkeit. ›Ephraim‹, sagte ich zu mir selbst, ›du mußt etwas tun. Du mußt bei einem Kellner deine De-facto-Anerkennung durchsetzen, sonst hast du zu existieren aufgehört!‹

Mit letzter Kraft sprang ich auf und winkte dem Schnurrbart, der mit einer Lieferung angenehm duftenden Geflügels unterwegs war:

»Garçon! L'addition!«

Der Schnurrbart warf mir einen Blick zu, aus dem klar hervorging, daß er auf diesen schäbigen Trick nicht hereinzufallen gedächte, und setzte seinen Weg fort.

›Wenn ich jetzt‹, dachte der Faschist in mir, während ich dem Schnurrbart haßerfüllt nachsah, ›wenn ich jetzt eine Plastikbombe in der Tasche hätte, dann wäre es um ihn geschehen!‹

In diesem Augenblick trat eine unvorhergesehene Wendung der Dinge ein, und zwar in Gestalt eines vierschrötigen, glatzköpfigen Mannes, der sich vor der Küchentür aufpflanzte und einen selbstbewußten Feldherrnblick über das Terrain schweifen ließ. Der Chef!

Ich stürzte auf ihn zu und schilderte ihm mit bitteren Worten, wie seine Kellner mich behandelten.

»Schon möglich«, meinte er gleichgültig. »Es sind eingeschriebene Mitglieder der kommunistischen Partei, einer wie der andre.«

»Und was soll ich jetzt machen?«

Der Chef zuckte die Achseln:

»Ich habe mit einem dritten Kellner Fühlung genommen. Angeblich kommt er Ende der Woche... vielleicht, daß er...«

»Aber was mache ich bis dahin?«

»Hm. Haben Sie unter den Gästen nicht vielleicht einen Bekannten, der für Sie bestellen könnte?«

Einen Bekannten? Ich? Hier, mitten im Urwald? Ich schüttelte den Kopf.

Der Chef tat ein gleiches und zog sich in die Küche zurück, während ich – mit jener weichlichen Unentschlossenheit, die ein typisches Merkmal der untergehenden Bourgeoisie ist – meinen hoffnungslosen Platz im Niemandsland wieder einnahm. Der Hunger trieb mich zur Verzweiflung. Ich mußte über die Grenze gelangen, koste es was es wolle. Unauffällig, mit kleinen, sorgfältig berechneten Rucken, begann ich den Tisch im Sitzen aus dem Niemandsland hinauszuschieben. Zoll um Zoll, langsam, aber unaufhaltsam, kämpfte ich mich zum Territorium des Schnurrbarts durch, von jeder Deckung Gebrauch machend, die sich unterwegs bot. ›Bald‹, so ermunterte ich mich, ›bald bin ich unter Menschen... die Rettung ist nahe...‹

Nichts da. Die Grenzpolizei schnappte mich. Und an dem Schicksal, das einem ausländischen Infiltranten bevorstand, war nicht zu zweifeln:

»Schieben Sie den Tisch sofort zurück!« herrschte der Schnurrbart mich an.

Was jetzt über mich kam, läßt sich rationell nicht erklären. Es wurzelt tief in archaischen Trieben. Mit einem heiseren Aufschrei warf ich mich über den Kellner, riß vom obersten Teller eine halbe Ente an mich und schob sie in den Mund. Sie schmeckte betörend. Schon streckte ich die Hand nach den Petersilienkartoffeln aus – aber da hatte der Kellner sich aus seiner Starre gelöst und begann zurückzuweichen:

»Monsieur...«, stammelte er. »Monsieur, was tun Sie da...?«

»Ich esse«, antwortete ich bereitwillig. »Das wundert Sie, was?«

Aller Augen waren auf mich gerichtet. Das

ganze Restaurant verfolgte atemlos den tatsächlich ein wenig ungewöhnlichen Vorgang. Leider kam der Aristokrat dem Schnurrbart zu Hilfe, und auch der Chef schämte sich nicht, mit den Kommunisten gemeinsame Sache zu machen. Ihren vereinten Anstrengungen gelang es, den Rest der Ente aus meinen Händen zu winden. Dann, unter den Hochrufen der Zuschauer, hoben sie mich auf und trugen mich zur Türe. Unterwegs entschloß ich mich, kein Trinkgeld zu geben.

»Hunger!« brüllte ich. »Hunger! Ich will essen!«

»Warten Sie, bis Sie bedient werden«, sagte der Schnurrbart.

»Sie sind hier nicht im Ritz«, fügte der Aristokrat hinzu.

Von diesen beiden war nichts zu erwarten. Ich wandte mich an den Chef:

»Hören Sie«, beschwor ich ihn. »Engagieren Sie mich als Kellner!«

Es war zu spät. In weitem Bogen flog ich durch die Türe, kam nach einer glatten Bauchlandung auf die Füße und wandte mich um.

Der Chef stand da und sah mich mit einem beinahe teilnahmsvollen Gesichtsausdruck an:

»Monsieur – gehen Sie in irgendein Restaurant auf den Champs Elysées. Das ist das richtige für Touristen...«

Tour d'obélisque

Wir waren am späten Morgen in Paris angekommen. Alles ging planmäßig vonstatten, es herrschte freundliches Wetter, die Reise war angenehm, und im Hôtel St. Paul, 15 rue St. Honoré, war für uns ein Zimmer reserviert. Obendrein hatten wir im Zug einen alten Freund getroffen, der zeitweilig in Paris lebte und uns mit ein paar guten Ratschlägen versah:

»Ihr müßt unbedingt darauf achten, ein kleines Taxi zu nehmen«, riet er uns. »Beim Einsteigen nennt ihr Namen und Adresse eures Hotels, und bis zum Aussteigen sprecht ihr kein weiteres Wort. Pariser Taxichauffeure wittern Fremde auf hundert Meter gegen den Wind. Und ihr wißt, welche Folgen das für eure Brieftasche hätte.«

»Wir wissen es von Lipschitz«, bestätigten wir und machten sofort ein paar kurze Sprechproben. Da die beste Ehefrau von allen als echtbürtige Sabre das gutturale R perfekt beherrscht, wurde sie mit der Nennung der Adresse betraut und übte fleißig den entscheidenden Satz:

»Quinze rue St. Honoré, Hôtel St. Paul... quinze rue St. Honoré...«

Ferner riet uns unser Freund, bei der Adressenangabe und anderen wichtigen Verhandlungen eine Zigarette lässig im Mundwinkel baumeln zu lassen, was nicht nur typisch französisch aussähe, sondern auch gewisse Unebenheiten unserer Aussprache camouflieren würde. Und während der Zug schon in die Halle rollte, schloß er ab:

»Euer Hotel liegt in der Nähe der Place de la Concorde, wenige Minuten vom Bahnhof. Die Fahrt sollte euch nicht mehr als drei neue Francs kosten.«

Alsbald hatten wir ein kleines Taxi gefunden, und während wir unser Gepäck unter den wachsamen Blicken des Chauffeurs in den Kofferraum zwängten, veranstaltete unser Freund eine französische Schnellfeuer-Konversation, die wir nur gelegentlich durch einen kleinen Bestandteil unsres reichen Vokabelschatzes unterbrachen, etwa durch ein »oui«, ein »non« oder ein stummes Achselzucken.

Dann war es soweit. Nachdem wir unsrem

Freund noch einmal zugewinkt hatten, steckte meine Frau eine Zigarette in ihren Mundwinkel, schaltete ihr bestes eingeborenes Guttural-R ein und sagte:

»Quinze rue St. Honoré, Hôtel St. Paul.«

Es läßt sich nicht leugnen, daß wir maßlos aufgeregt waren. Aber der Fahrer merkte nichts. Mit geschäftsmäßiger Gleichmütigkeit startete er und fuhr los. Alles war in bester Ordnung. Wir ließen uns in den Sitz zurücksinken, eng aneinandergeschmiegt wie ein Liebespaar, so daß unser Schweigen dem Fahrer nicht weiter auffiel.

Nach wenigen Minuten passierten wir den Obelisk auf der Place de la Concorde. Meine Frau griff nach der französischen Zeitung, die ich demonstrativ in der Hand hielt, und kritzelte mit ihrem Augenbrauenstift an den Rand:

»Wir werden gleich im Hotel sein. Der Idiot von einem Fahrer hält uns für Franzosen.«

Unerforschlich jedoch ist Gottes Ratschluß, wahrhaft unerforschlich. – Ein paar Sekunden später öffnete meine Frau ihre Handtasche, warf einen angstvoll suchenden Blick hinein und erbleichte:

»Oj!« rief sie in lautem, unverfälschtem Hebräisch. »Wo, um Gottes willen, sind unsere Pässe?«

Ich hielt ihr rasch den Mund zu (die Pässe befanden sich, wie immer, in meiner rechten Brusttasche) und versuchte im Rückspiegel das Gesicht des Fahrers zu erspähen. Umsonst. Nun, wenigstens hatte er sich nicht nach uns umgewandt. Es schien mir nur, als ob er ein paarmal mit den Ohren gezuckt hätte. Sonst geschah nichts. Außer, daß er plötzlich das Lenkrad scharf nach links drehte und Gas gab.

Unruhe erfaßte uns. Es war keine Frage mehr: der Schreckensruf meiner Gattin hatte uns als Ausländer entlarvt. Jetzt hieß es handeln, sonst waren wir verloren. In die angespannte Stille – und so, daß der Fahrer es hören konnte – ließ ich mein bestes Französisch los:

»Comment allez vous? La plume de ma tante est plus belle que le jardin de mon oncle. Garçon, je voudrais manger. L'addition, s'il vous plaît.«

Noch während die Durchsage lief, sah ich im Rückspiegel das eine Auge des Fahrers auf mich gerichtet, direkt auf mich, ein großes, graues, stählernes, unbarmherziges Auge. Ich begann zu zittern und fühlte, wie mir der Schweiß ausbrach. In diesem Augenblick fiel die beste Ehefrau von allen aus einer instinktiven Eingebung über mich her und begann mich zu küssen, à la Parisienne, wie eben nur Französinnen in der Öffentlichkeit zu küssen verstehen…

Als der Kuß zu Ende war, zeigte das Taxameter 5,60 Francs. Der Fahrer hatte uns durchschaut. Er wußte, daß wir keine Franzosen waren. Er, Jean-Pierre, wußte es. Auch die Art, wie er jetzt fuhr, war ein Beweis dafür. Immer neue Linkskurven warfen uns immer wieder in die rechte Ecke des Fonds. Kaum hatten wir die Seine überquert, kam wieder eine scharfe Wendung nach links und dann wieder die Seine. Wir überquerten sie mehrere Male. Dann passierten wir einen langen Tunnel und dann einen neuen Obelisk. Ich konnte mich einer tadelnden Bemerkung nicht enthalten:

»Diese Franzosen mit ihren ewigen Säulen«, flüsterte ich meiner Gattin zu.

»Es ist der Obelisk von vorhin«, entgegnete sie tonlos.

Das Taxameter stand auf 9 Francs. Das war genau das Dreifache der von unserem Freund veranschlagten Summe.

Vielleicht interessiert es den geneigten Leser,

warum wir nichts unternahmen, um den Wagen, der wie ein scheugewordener Satellit im Weltraum umhersauste, zu stoppen? Dafür gibt es verschiedene Erklärungen. Erstens sind wir beide von Natur aus eher schüchtern. Zweitens sprechen wir beide – der geneigte Leser erinnert sich vielleicht – sehr schlecht Französisch. Und drittens: was sollten wir tun? Ein andres Taxi nehmen? Schließlich hatte uns Jean-Pierre jetzt schon durch einen ansehnlichen Teil Frankreichs geführt, wir kannten seine Fahrweise, seine Eigenheiten und Schwächen – warum sollten wir uns auf Experimente mit einem neuen Chauffeur einlassen? Trotzdem gaben wir noch nicht völlig auf. Meine Frau versuchte es abermals mit einer Aktion à la Parisienne, aber ich war außerstande, ihr den richtigen Partner abzugeben. Wir mußten unsere Kräfte sparen, mußten unsere Verluste möglichst niedrig halten und weiterkämpfen. Jean-Pierre, daran bestand kein Zweifel, fuhr mit uns im Kreise. In regelmäßigen Intervallen von sechs Minuten kamen wir an dem Obelisk vorbei, also genau zehnmal in der Stunde. Selbst wenn wir für die Verkehrsstauungen während der Stoßzeit eine geringere Quote einsetzten, ergaben sich noch immer rund 240 Obelisk-

Umkreisungen pro Tag, und das bedeutete pro Woche...

Als das Taxameter auf 17 Francs sprang, öffnete der Fahrer das Handschuhfach und entnahm ihm eine erste Mahlzeit, bestehend aus belegten Broten, kleinen Essiggurken und Obst. In einer hebräisch geführten Lagebesprechung stellten wir fest, daß unsere eigenen Vorräte sich auf zwei Äpfel, eine Orange, eine vertrocknete Semmel und etwas Kaugummi beschränkten. Wenn wir sehr sparsam damit umgingen, könnten wir vielleicht bis morgen abend durchhalten. Länger nicht.

Plötzlich zuckte ein Aufleuchten über das verhärmte Antlitz meiner Frau:

»Benzin!« brach es jauchzend aus ihr hervor. »Der Kerl wird ja Benzin brauchen! Irgendwann muß er tanken – und wir sind gerettet!«

Ich beugte mich vor, um einen Blick auf den Kontrollanzeiger zu werfen. Der Tank war noch nicht einmal zur Hälfte geleert. Und das Taxameter stand auf 21,50.

Wir beschlossen vorsorglich, mit Einbruch der Dunkelheit immer abwechselnd eine Stunde zu schlafen, sonst würde Jean-Pierre vielleicht heimlich tanken und weiterfahren.

Fünf- oder sechsmal versuchten wir sein Wohlwollen zu erregen, indem wir beim Anblick des Obelisks ein bewunderndes »Oh!« ausstießen. Jean-Pierre reagierte nicht. Sein breiter, mächtiger Rücken blieb reglos, auch bei der schärfsten Linkskurve.

Das Taxameter zeigte 30 Francs. Ich nahm meine Nagelfeile und ritzte in den Plastikbelag der Querleiste folgende Inschrift:

»In diesem Taxi verhungerten im August 1963 Ephraim Kishon und Frau.«

Und dann, gerade als wir alle Hoffnung aufgeben wollten, hielt der Wagen an, ich weiß nicht wieso und warum. Vielleicht war Jean-Pierre von Müdigkeit überkommen worden, vielleicht von irgendwelchen menschlichen Regungen, von Gedanken an Weib und Kind – jedenfalls drehte er nach dem Obelisk auf der Place de la Condorde plötzlich nicht mehr links ab, sondern fuhr noch etwa hundert Meter geradeaus und hielt vor dem Hôtel St. Paul.

»Quarantquatre«, sagte er.

Er meinte Francs, 44 Francs, mit Trinkgeld 48. Immerhin weniger als 50.

Nach Ihnen, bitte

Geographisch ist England ein Teil von Europa. In Wirklichkeit ist es ein Teil von sich selbst und von gar nichts sonst. Wir merkten das schon im Augenblick unsrer Landung.

Vielleicht entsinnt sich der geneigte Leser noch der Presseberichte über den Gewittersturm, der vor einiger Zeit den Ärmelkanal heimgesucht hat und Ausmaße annahm, an die sich auch die ältesten Seebären nicht erinnern konnten. Das Schicksal fügte es, daß meine Gattin und ich gerade an diesem Rekordtag den Kanal überquerten. Unser Schiff wurde von den wild schäumenden Wogen hin- und hergeschleudert wie die berühmte Nußschale, die in solchen Fällen immer zu Vergleichszwecken herangezogen wird, obwohl es auf wild schäumenden Wogen noch nie eine Nußschale gegeben hat, ausgenommen unser Schiff. Da die epische Schilderung von Naturkatastrophen in der heutigen Literatur als minderwertig gilt, beschränke ich mich auf die Mitteilung des heiligen

Eides, den ich eine halbe Stunde nach Ausbruch des Sturms geschworen habe: ich würde, so schwor ich, mich für den Rest meines Lebens in einen Kibbuz zurückziehen und mich dem vollständigen Wiederaufbau der Klagemauer in Jerusalem widmen, wenn ich mein nacktes Leben retten könnte. – Da dieser Schwur nichts fruchtete, ersetzte ich ihn nach einer weiteren halben Stunde durch den folgenden:

»O Herr, ich verzichte auf mein nacktes Leben, nur laß mich bitte nicht sterben...«

Diese Formulierung hatte Erfolg. Wenige Stunden später sichteten wir die weißen Klippen von Dover, die schon so viele Dichter vor mir begeistert hatten, vermutlich nach ähnlichen Kanalüberquerungen. Wir taumelten auf den Pier, warfen uns nieder, küßten die allgütige Mutter Erde und machten gleich darauf unsere erste Bekanntschaft mit dem englischen Nationalcharakter. Hinter uns kroch ein britischer Gentleman auf allen vieren über den Laufsteg. Er hatte sich während der Überfahrt in einem so erbärmlichen Zustand befunden, daß wir um sein Leben gebangt hätten, wenn uns überhaupt Zeit geblieben wäre, um etwas andres zu bangen als um unser eigenes Leben.

Seine britische Gattin erwartete ihn.

»Hallo, Darling«, sagte sie zur Begrüßung. »Nette Überfahrt gehabt?«

»Reizende Überfahrt«, antwortete er. »Obwohl der Wetterbericht gar nicht so gut war.«

Ich muß bemerken, daß es um diese Zeit noch hagelte. Dicke, erbsengroße Körner.

In der Regel gibt es vier Jahreszeiten im Jahr: Frühling, Sommer, Herbst und Winter. Das gilt auch für England. Allerdings haben sie dort alle vier Jahreszeiten am selben Tag. Morgens Sommer, mittags Winter, abends Herbst und Frühling. Manchmal auch umgekehrt. Es gibt keine festen Regeln. Man schaut zum Fenster hinaus: der Himmel ist strahlend blau, die Sonne scheint. Freudig verläßt man das Haus, tritt auf die Straße hinaus – und springt zurück, weil wenige Schritte entfernt soeben ein Blitz eingeschlagen hat. Wassersturzfluten, wohin man blickt. Man eilt die Stiegen hinauf, rafft Regenmantel und Schirm an sich, tritt abermals auf die Straße – und wird von freundlichem Vogelgezwitscher empfangen. Am wolkenlosen Himmel lacht die Sonne. Mit Recht.

Nach zwei Tagen hatten wir noch immer nicht das Geheimnis gelöst, warum die Engländer nicht auswandern. Auch die Eingeborensten unter ihnen geben zu, daß sie das Wetter verrückt macht. Sie nehmen sich sogar die Mühe, das zu beweisen.

Es ist eine alte Erfahrung, daß Regenschirm-Völker am liebsten über das Wetter sprechen. Trotzdem erstaunte es mich ein wenig, als ich einmal an einer Bushaltestelle von einem Regenschirmträger mit den Worten angesprochen wurde: »Schönes Wetter heute, nicht wahr?«

Ich glotzte ihn an.

»Das nennen Sie schön? Dieses grauenhafte, schwüle, feuchte Wetter nennen Sie schön?«

Der Fremde erbleichte, preßte die Lippen zusammen und wandte sich ab. Erst viel später wurde mir klar, daß ich ihn maßlos gekränkt hatte. In England muß man zu fremden Menschen höflich sein, das ist ein unübertretbares Gebot. Wenn jemand sagt: »Schönes Wetter heute, nicht wahr?«, dann hat man zu antworten: »Ja, sehr schön, nicht wahr?«, auch wenn man im nächsten Augenblick von dem gerade losbrechenden Wirbelsturm gegen die Häuserwand geschleudert wird. Sobald man wieder auf den Beinen steht, sagt der Fremde: »Wirklich sehr schön, nicht wahr?«, worauf man antwortet: »Ja, wirklich, nicht wahr?« Das kann stundenlang dauern, denn die strengen Spielregeln verlangen, daß man jeden Satz mit »nicht wahr?« abschließt, also mit einer Frage; und unter wohlerzogenen Leuten ist es üblich, eine Frage nicht unbeantwortet zu lassen.

In Frankreich ist das Leben aufregend, in Israel ist es anstrengend, in England ist es angenehm. Jeder Mensch in England erzählt jedem andern Menschen, wie angenehm das Leben in England ist. Denn die Engländer sind disziplinierte und manierliche Leute. Gewiß, die Konformisten unter ihnen – und soviel ich feststellen konnte, gibt es nur konformistische Engländer – empfinden keine besondere Zuneigung zu irgend jemand oder irgend etwas, mit Ausnahme ihres Kamins, in dessen freundlicher Wärme sie gar manchen heißen Sommertag verbringen, und ihres Hundes, mit dem sie stundenlang die aktuellen Tagesprobleme diskutieren. Aber das alles ändert nichts daran, daß sie das Volk der besten Manieren sind. Es gibt keinen Anlaß, aus dem der Engländer nicht »Danke« sagen würde. Manchmal sagt er es auch ohne jeden Anlaß, zum Beispiel wenn man sich erkundigt, wie spät es ist: »Ich weiß nicht. Danke.«

Um dem geneigten Leser einen konkreten Fall von britischer Wohlerzogenheit vorzuführen, schildere ich nachstehend meinen Besuch – oder besser gesagt: meinen Abschied nach erfolgtem Besuch – im Ministerium für den Aufbau und Ausbau kultureller Beziehungen oder sonstwas. Der Leiter des einschlägigen Büros, ein Mr. MacFarland, hatte mich freundlich empfangen und bewirtet (mit Tee, wenn ich nicht irre) und geleitete mich am Ende zur Tür des hochgewölbten, mit dunklem Eichenholz getäfelten Raums, dessen Entstehung nachweisbar auf das Jahr 1693 zurückgeht.

Als wir die Türe erreicht hatten, hielten wir beide auf gleicher Höhe an.

»Bitte sehr«, sagte Mr. MacFarland. »Nach Ihnen, Sir.« Und er vollführte die dazugehörige Handbewegung.

Um diese Zeit hatte ich bereits zwei Tage auf britischem Boden verbracht und war mit den Lebensformen zivilisierter Völkerschaften halbwegs vertraut geworden.

»Oh, bitte, Mr. MacFarland.« Ich blieb stehen. »Nach Ihnen.«

»Sie sind mein Gast, Sir. Ich bin hier zu Hause.«

»Alter zählt mehr als Schönheit«, scherzte ich. »Nach Ihnen.«

Der abwechslungsreiche Dialog dauerte einige Minuten. Ich war in großer Eile, aber ich wollte Mr. MacFarlands Gefühle nicht verletzen. Er war erstens ein Engländer und zweitens wirklich bedeutend älter als ich.

»Ich bitte Sie, Mr. MacFarland«, sagte ich und gab ihm einen sanften Stoß, um ihn zum Vortritt zu animieren.

»Um keinen Preis«, antwortete MacFarland, ergriff meinen Arm und drehte ihn mit geübtem Judo-Griff in Richtung Tür. »Bringen Sie mich bitte nicht in Verlegenheit.«

»Sie sind der Ältere«, beharrte ich, setzte mit meiner freien Hand eine einfache Nackenschraube an und zerrte ihn zur Türe. »Nach Ihnen, Mr. MacFarland.«

»Nein... nein... hier ist... mein Büro.« Mr. MacFarland keuchte ein wenig, weil mein Klammergriff ihm gewisse Atembeschwerden zu verursachen begann. Schon sah ich mich als Sieger. Plötzlich stellte er mir ein Bein, so daß ich ins Taumeln geriet. Aber ein rascher Griff nach einem an der nahen Wand hängenden Gobelin brachte mich wieder ins Gleichgewicht und bewahrte mich vor einem entscheidenden Positionsverlust:

»Ich bestehe darauf, Mr. MacFarland. Nach Ihnen.«

Mein linker Ärmel war während dieses Austausches von Höflichkeiten in Fetzen gegangen, und MacFarlands Hosen waren an mehreren Stellen geplatzt. Eine Weile standen wir einander schwer atmend gegenüber und rührten uns nicht. Dann setzte MacFarland unvermittelt zu einem Hechtsprung gegen meine Magengrube an. Ich sprang rasch zur Seite, und er landete krachend im Aktenschrank.

»Nach Ihnen, Sir!« Mit Schaum vor dem Mund erhob er sich, packte einen Bürosessel und schwang ihn durch die Luft.

»Nach *Ihnen*, Mr. MacFarland!« Ich bückte mich, ohne ihn aus den Augen zu lassen, und griff nach dem Schürhaken.

Der Bürosessel segelte über meinen Kopf hinweg. Ein riesiges Porträt Winston Churchills, das in Glas und Rahmen an der Wand hing, zersplitterte. Auch ich zeigte mich nicht sehr zielsicher: Die Flugbahn meines Schürhakens hatte zur Folge, daß das Licht ausging.

»Nach Ihnen, Sir«, hörte ich Mr. MacFarland

durch die Dunkelheit krächzen. »Ich bin hier zu Hause.«

»Aber Sie sind der Ältere«, antwortete ich und schleuderte einen Tisch in die Richtung, aus der seine Stimme gekommen war. Diesmal traf ich ihn. Mit einem gurgelnden Aufschrei sank MacFarland zu Boden. Ich bahnte mir durch die herumliegenden Trümmer den Weg zu ihm, hob seinen leblosen Körper auf und rollte ihn in den Korridor.

Natürlich rollte ich ihn *vor* mir über die Türschwelle. Ich weiß, was sich gehört.

Unterirdische Abenteuer

Es gibt Zeiten, in denen selbst der gewöhnliche Ausländer in nahen persönlichen Kontakt mit den Engländern kommen kann, meistens zwischen vier und sechs Uhr nachmittags, während der Stoßstunden.

In London leben ungefähr acht Millionen Menschen. Siebeneinhalb Millionen benützen zwischen vier und sechs Uhr nachmittags die öffentlichen Verkehrsmittel, um nach Hause zu fahren. Das ist der Grund, warum der Schreiber dieser Zeilen zwischen vier und sechs Uhr nachmittags nie ein öffentliches Verkehrsmittel benützt hat, außer an jenem unvergeßlichen Donnerstag.

Allerdings wurden meine Frau und ich dadurch irregeführt, daß wir am Ansatz der Treppe, die zu der betreffenden Untergrundbahnstation hinabführte, keine Schlange sahen.

Dann wird's schon nicht so schlimm sein, dachten wir und begannen den Abstieg. Unten angelangt, herrschte plötzlich ein solches Gedränge, daß wir sofort umkehren wollten. Es ging nicht mehr, und von da an verloren wir jeden Einfluß auf die Entwicklung der Dinge. Als wir an den Kassenschalter herangezwängt wurden, konnte ich noch mit knapper Not meine Geldbörse hervorziehen, aber sie wieder einzustecken war mir nicht mehr möglich. Ich mußte sie während der ganzen Fahrt in der Hand halten. Die geliebte Gestalt meiner Frau sah ich zuletzt hoffnungslos eingekeilt auf der Plattform. Sie wandte mir ihr süßes Antlitz zu, und ich hörte sie etwas rufen, wovon ich nur Bruchstücke verstand:

»Leb wohl, Geliebter... auf ewig dein... und vergiß nicht... die Schlüssel...«

Dann entschwand sie endgültig meinen Blikken.

Während der Fahrt verspürte ich dann und wann von seitwärts den Griff eines Regenschirms zwischen den Rippen und glaubte ihn an der Form als den ihren zu erkennen. Um mich zu vergewissern, hätte ich den Kopf drehen müssen – aber wie? Ein Herr in schwarzem Mantel stand so dicht gegen meine Brust gepreßt, daß sogar unsere Nasen sich verschwisterten. Ich starrte ihm aus einer Entfernung von höchstens vier Zentimetern in die Augen; sie waren von himmelblauer Farbe, und ihre Pupillen flackerten unruhig. Wie sein Gesicht aussah, konnte ich nicht feststellen. Zu meiner Linken erspähte ich ab und zu die Umrisse einer Sportkappe, die sich an meinem Oberschenkel wetzte. Und von der andern Seite her bohrte sich der schon erwähnte Regenschirmgriff in meinen Brustkorb.

»Weib!« rief ich aufs Geratewohl. »Bist du's?«

Nach dreimaliger Wiederholung drang aus meilenweiter Ferne ein schwaches Stimmchen an mein Ohr:

»Liebster... ja... ich glaube, daß ich es bin...«

Sie lebte also! Meine freigebliebene Hand – mit der andern hielt ich noch immer meine Geldbörse umklammert – tastete in die Richtung, aus der die Stimme gekommen war, verfing sich aber in einem fremden Büstenhalter, so daß ich alle weiteren Nachforschungen einstellen mußte. Auf einem meiner Füße – ich wußte nicht, auf welchem, denn ich hatte längst die Kontrolle über sie verloren – stand ein fremder Mensch, was meine Bewegungsfreiheit noch mehr beeinträchtigte. Dafür gelang es in einer scharfen Kurve meinem blauäugigen Gegenüber, seine Nase mit jähem Ruck von der meinen abzuziehen. Unsere Wangen klatschten leise aneinander und blieben fortan in Schmiegeposition, als wären wir ein argentinisches Tango-Tanzpaar. Zum Glück hatte ich einen gut rasierten Partner. Die Verbindungswege zu meiner Frau waren völlig zusammengebrochen.

Dies alles verblaßte jedoch vor einer neuen Katastrophe, die mir drohte: Ich mußte niesen. Schon seit einer ganzen Weile spürte ich das kommen. Jetzt stand es unmittelbar bevor. Und wenn ich jetzt nicht sehr schnell zu meinem Taschentuch käme, würde Fürchterliches geschehen.

Übermenschliche Kräfte durchfluteten meinen linken Arm. Indem ich jedes kleinste Rütteln des Zuges ausnützte, gelang es mir, meinen Tangopartner so weit wegzudrücken, daß ich mit der Hand bis in die Hosentasche kam. Damit war aber erst der leichtere Teil des Unternehmens bewältigt. Um die Hand mit dem Taschentuch auch an meine Nase führen zu können, bedurfte ich noch einer gewaltigen Portion Glück.

Es gelang. An der nächsten Haltestelle verließ einer der Fahrgäste den bisher von ihm gehaltenen Posten auf meinem Fuß und stellte dadurch einen Teil meiner Manövrierfähigkeit wieder her. Zwar schloß mich gleich darauf die nachdrängende Menge aufs neue ein, aber in jenem kurzen Augenblick relativer Freiheit hatte ich das Taschentuch tatsächlich in Nasenhöhe gebracht.

Bloß die Lust zum Niesen war mir unterdessen vergangen. So ist das Leben.

Meine Hand mit dem Taschentuch verharrte in der erreichten Position, halblinks vom Mantelkragen des Blauäugigen und schräg unterhalb meines Kinns. Dort begann sie langsam zu erstarren.

Eine Minute später entglitt das Taschentuch meinen fühllos gewordenen Fingern und senkte sich in den Schoß des Sportkappenträgers.

Ich hatte keine Möglichkeit, mit dem Mann in Fühlung zu kommen. Ich konnte ihn nur stumm aus meinem rechten Augenwinkel beobachten.

In der nächsten Kurve blickte er zufällig an sich hinab, entdeckte das Taschentuch, hielt es für einen hemdeigenen Toilettefehler und stopfte es so rasch er konnte in seine Hose. Das verursachte ihm einige Mühe und, wie es schien, auch Verlegenheit. Kurz darauf stand er auf und verdrückte sich in der Menge. Möglicherweise ist er sogar ausgestiegen.

Als ich nach Hause kam, wurde ich bereits von meiner Frau erwartet. Wir stellten fest, daß wir das lebensgefährliche Abenteuer mit geringfügigen Bekleidungsschäden und Hautabschürfungen überstanden hatten, die wir in häuslicher Pflege belassen konnten.

Irgendwo in London, in einem Paar wildfremder Hosen, ruhte mein Taschentuch.

Englischer Humor

Die Londoner Straßen bieten manch sehenswerten Anblick. Während der ersten Tage unsres Aufenthaltes hatten meine Frau und ich immer wieder die größte Mühe, nicht laut herauszulachen, wenn wir die Scharen junger, schnurrbärtiger Engländer sahen, die ganz in Schwarz gekleidet waren, mit schwarzen Melonen auf dem Kopf, einem schwarzen Regenschirm in der Rechten, und in der Linken unweigerlich die »Times«. Es war zu komisch.

Nach ein paar Tagen hatten wir uns an diesen Anblick gewöhnt und schämten uns unsres unreifen Betragens.

Und dann, eines Abends, gingen wir ins Theater. Man gab eine englische Komödie. Auf der Bühne erschien ein Schauspieler in der oben beschriebenen Gewandung, welche auch die Gewandung der meisten Zuschauer war – worauf die Zuschauer in ein so schallendes, immer wieder losplatzendes Gelächter ausbrachen, daß die Billeteure Beruhigungstabletten verteilen mußten. Übrigens sind in englischen Theatern während der Vorstellung alle möglichen Dinge zu haben: Cakes, Steaks, Kissen, Bücher, Bilder, Bilderbücher, notfalls auch Haarwasser. Aber warum es die Engländer so sehr erheitert, auf der Bühne ihre eigenen Kleidungsstücke zu sehen, die sie doch an sich selbst in keiner Weise komisch finden – das gehört zu den vielen Geheimnissen des englischen Humors.

Ich gestehe, daß ich die Engländer um ihren Humor nicht weniger beneide als um die unvergleichliche Ausdruckskraft ihrer Sprache. Am meisten jedoch beneide ich die englischen Humoristen. Und zwar beneide ich sie um ihr Publikum, dessen Lachbereitschaft ans Wunderbare grenzt. Es ist nicht bloß ein dankbares Publikum, es ist eine Nummer für sich. Wer jemals einen der orkanartigen Lachstürme miterlebt hat, die von jedem durchschnittlichen Varieté-Programm oder von den populären Rundfunksendungen der BBC entfesselt werden, wird mich verstehen. Wir in Israel genießen den Vorzug, diese Sendungen Tag für Tag hören zu können, wenn wir den britischen Militärsender der nahegelegenen Insel Cypern einstellen.

Den Beginn des Lach-Bacchanals auf Kurzwelle erkennt man an einem donnernd einsetzenden Applaus. Er ist das Zeichen, daß die beiden Protagonisten des Heiterkeitsfestes die Szene betreten haben. Wenn er verklungen ist, fragt der eine von ihnen den andern in breitem, nicht wiederzugebendem Cockney-Akzent:

»Was 'n los mit dir, Charlie?«

Die dröhnende Lachsalve, die darauf folgt, schrumpft alsbald zum verlegenen Hüsteln gegen die orkanartige Reaktion auf die Antwort des Befragten:

»'ch hab heut morgen 'n fürchterliches Sausen im Kopf gehabt, hab ich gehabt.«

»Und was, Charlie«, fragt der erste, »was saust 'n in deim Kopfe, was saust da?«

An diesem Punkt nimmt der allgemeine Lachkrampf die Ausmaße einer hemmungslosen Massenhysterie an. Es dröhnt derartig, daß der Apparat in Splitter zu gehen droht. Quer hindurch schrillen die letzten spitzen Aufschreie der in Ohnmacht fallenden Frauen. Im Hintergrund hört man die Sirenen der anfahrenden Ambulanzwagen.

Aber das ist noch immer nicht der Gipfel. Der wird erst nach der nächsten Antwort erreicht. Sie lautet:

»Was da saust? Weiß ich nicht!«

Kein Rand und kein Band mehr, aus dem das Publikum jetzt nicht geriete. Brüllendes, tosendes Gelächter von noch nie berechneter Megaphonstärke geht ins rhythmisches Händeklatschen über, das von gellenden Pfiffen der Begeisterung kontrapunktiert wird. Minutenlang muß der erste Fragesteller warten, um die folgende Vermutung halbwegs hörbar zu machen:

»Vielleicht hast du in der Nacht nicht gut geschlafen, Charlie?«

»Wie soll ich denn schlafen, wenn's mir so im Kopf saust, eh?«

Das gibt dem Publikum den Rest. Das bringt die letzten Säulen der sprichwörtlichen britischen Zurückhaltung krachend zum Einsturz. Was sich jetzt abspielt, ist mit »Erdbeben« nur unzulänglich angedeutet. Es bedarf des prompten Einsatzes aller verfügbaren Platzanweiser, Sicherheitsorgane und Hilfstruppen, um völliges Chaos zu verhindern. Ein Sprecher meldet mit gedämpfter Stimme zwei Todesfälle. Dann ist die letzte noch intakte Röhre des Empfangsapparates durchgebrannt.

Der ausländische Hörer aber sitzt vor den

rauchenden Trümmern seines Geräts und fragt sich ebenso verwundert wie vergebens, was da vorgegangen ist und was die eigentliche Ursache dieser orgiastischen Heiterkeitsstürme war.

Jetzt wissen wir's. Und wenn wir von unsrem Besuch in England nichts andres mitgebracht hätten als diese Erkenntnis, so hätte sich's gelohnt. Jetzt wissen wir's: Die beiden Protagonisten müssen schwarze Melonen getragen haben…

Die roten Lichter von Amsterdam

Bevor wir den Flug über den Ozean antraten, leisteten wir uns noch rasch einen Zwischenaufenthalt in Amsterdam. Wie so viele unserer Landsleute hegten wir aufrichtige Zuneigung zu den Holländern, die sich ihre Anständigkeit und Menschlichkeit auch zu einer Zeit bewahrt hatten, da diese beiden Eigenschaften in Europa nicht eben hoch im Kurs standen. Außerdem hatten wir auf unserer Reise immer wieder die Kunstschätze Hollands rühmen hören und die baulichen Schönheiten der holländischen Städte. Amsterdam, so sagte man uns, stünde um nichts hinter Venedig zurück: imposante Kanäle ... Gärten und Statuen ... prächtige Theater und Konzertsäle ... zauberhafte Giebelhäuser ... ganz zu schweigen von... also von diesem gewissen Viertel, wo man an den Fenstern... angeblich gibt es so ein Viertel in Amsterdam... mit Mädchen an den Fenstern... ein berühmtes Viertel... und dort sitzen sie also an den Fenstern, die Mädchen.

Selbstverständlich hatten wir diesem albernen Touristengewäsch weder Ohr noch Glauben geschenkt. Auch ich selbst hatte kaum hingehört. Solche Dinge interessieren mich nicht. Ich bin ein ernster, reifer, vom Leben hart geprüfter Mann, der seine Erfahrungen bereits hinter sich hat.

Ich mache in einer Stadt, die für ihre Museen berühmt ist, nicht etwa deshalb Station, um dann vielleicht... ich denke nicht daran.

»Also du denkst nicht daran«, nickte meine Gattin, als wir dem Flugzeug entstiegen. »Ganz wie du willst. Was mich betrifft, so möchte ich keinesfalls darauf verzichten, die Mädchen in den Fenstern sitzen zu sehen.«

Ich fragte, wo ihre frauliche Würde bliebe, bekam aber eine ausweichende Antwort:

»Es gibt sogar einen Film mit Marina Vlady, der in diesem Amsterdamer Viertel spielt. Das muß man sich anschauen.«

Ich bin lange genug verheiratet, um zu wissen, wann jeder Widerspruch sinnlos wird. Und da auch ich im Grund meines Herzens eine gewisse Neugierde nicht ganz unterdrücken konnte, gab ich nach. Als wir das Taxi bestiegen, war die Sache entschieden. Wir würden hingehen.

Hin? Wohin? Und wie? Das bewußte Viertel war in keinem Stadtplan eingezeichnet und der Weg in keinem Touristenführer beschrieben.

»Dann mußt du jemanden fragen«, sagte die beste Ehefrau von allen.

»Frag doch du!«

»Ich, wenn mich nicht alles täuscht, bin die Dame von uns beiden.«

Eine ungemein anregende Diskussion war die Folge. Ich erklärte meiner Gattin, daß gerade deshalb, *weil* sie eine Dame und als solche über jeden Verdacht erhaben wäre, das Einholen derartiger Auskünfte ihr zufiele, nicht mir. Oder sollte ich mich vielleicht auf die Straße stellen, den erstbesten Passanten aufhalten und – ich arbeitete das Lächerliche der Situtation kraß heraus – und ihn ganz einfach fragen, wo man in Amsterdam die... also die Fenstersitzerinnen fände. Das kann man mir doch nicht zumuten.

Ich sei ein Feigling und sollte mich schämen, resümierte meine Gattin und beugte sich zum Fahrer vor:

»Sagen Sie einmal... was ist denn hier in Amsterdam besonders sehenswert? Ich meine: besonders?«

»Im Königlichen Museum wurde gestern eine

moderne Kunstausstellung eröffnet«, antwortete der gut unterrichtete Chauffeur. »Und das internationale Musikfestival soll ganz hervorragend besetzt sein.«

»Ja, gewiß. Aber das meine ich eigentlich nicht. Mein Mann und ich würden gerne etwas wirklich Aufregendes sehen.«

»Ich verstehe. Dann gehen Sie doch um Mitternacht in den Hafen, wenn die Gemüsekähne ausgeladen werden. So etwas sieht man nicht oft...«

»Danke für die Auskunft. Vielen Dank.«

Ich saß im Fond, das Gesicht von Schamröte übergossen. Anderseits begann sich mein männlicher Stolz zu melden. Ich bin ja kein kleines Kind mehr, das sittsam an der Hand seiner Gouvernante dahinzutrippeln hat. Wenn ich wissen will, wo man die... wo man diese Fenster findet, dann gehe ich eben zum Hotelportier, beuge mich lässig zu ihm vor und frage ohne alle Umschweife:

»Hören Sie, lieber Freund, wo sind hier... Sie wissen schon... das mit den Fenstern...«

Ein freundliches, verständnisvolles Lächeln erhellte das Gesicht des Portiers:

»Die Königin weilt um diese Zeit in ihrer

Sommerresidenz. Aber den königlichen Palast können Sie jederzeit besuchen. Sie finden ihn mühelos. Jeder Mensch zeigt Ihnen den Weg.«

»Danke sehr.«

Es war wirklich zu dumm. Der Gedanke, daß vielleicht ein paar Straßenzüge weiter, ja vielleicht schon hinter der nächsten Ecke die Gegend anfing, wo Scharen lässig hingelehnter Frauen aus allen Fenstern hervorlugten, ohne daß wir sie zu finden wußten – dieser Gedanke konnte einen empfindsamen Menschen sehr wohl an den Rand des Wahnsinns treiben. Ein Glück, daß unser Abend bereits durch eine Einladung des holländischen PEN-Clubs belegt war.

»Wir fliegen morgen um acht Uhr ab«, zischte die beste Ehefrau von allen. »Wir brauchen die Adresse noch heute nacht!«

Heute nacht. Dann blieb nur der PEN-Club als Auskunftsstelle übrig. Aber wie sollte ich das Gespräch in die geeigneten Bahnen lenken?

Als das Einleitungsgeplauder zu verebben begann, stürzte ich ein Glas des schärfsten indonesischen Reisschnaps hinunter und wandte mich an einen Vertreter des einheimischen Geisteslebens:

»Spinoza, zu dem Sie ja sicherlich eine besondere, lokalbedingte Beziehung haben – Spinoza hat die These aufgestellt, daß die Philosophie eigentlich nur als Katharsis eines hypokritischen Humanismus aufzufassen sei. Das heißt: der Philosoph entlarvt die konventionellen Lügen der Gesellschaft, in deren Schatten und unter deren Schutz die menschliche Hypokrisie ihre Paläste baut, die in Wahrheit nichts weiter sind als – verzeihen Sie den Ausdruck – Bordelle!«

»Ja, ja«, bestätigte mein Gesprächspartner, einer der führenden Erkenntnistheoretiker des Landes. »Spinozas scharfer, analytisicher Verstand ist bis heute unübertroffen.«

Der Mann war ein Kretin. Hätte er nur ein wenig Intelligenz und Instinkt besessen, so müßte seine Antwort ungefähr folgendermaßen gelautet haben: ›A propos Bordelle – gleich hier, mitten in Amsterdam, gibt es ein Viertel, wo Frauen in jeder Preislage in den Fenstern sitzen. Wollen Sie sich das nicht ansehen?‹ Das wäre die passende Antwort gewesen. Statt dessen erzählt mir dieser Kretin etwas von den philosophischen Analysen eines getauften Juden... Ich kippte einen noch schärferen Brandy, schloß die Augen und versuchte es aufs neue:

»Spinoza hin, Spinoza her – was mich an Ihrem Land fasziniert, ist seine gesunde, freimütige, von keinen Hemmungen beeinträchtigte Lebensart. Wenn ich richtig informiert bin, gibt es sogar hier, mitten in Amsterdam, ein ganzes Viertel, von dem jedermann weiß, daß es der öffentlichen Prostitution vorbehalten ist?«

Meine Gattin hatte sich herangepirscht und nickte mir aufmunternd zu.

»Ach«, lächelte der Erkenntnistheoretiker. »Sie meinen offenbar... hchche... Sie meinen das Viertel, wo die Damen in den Fenstern sitzen!«

»Wie bitte? In den Fenstern?«

»Ganz richtig. Ein solches Viertel gibt es bei uns.«

»Tatsächlich? Und wo?!«

»Hier, in Amsterdam. Die Touristen strömen scharenweise hin.«

In den Augen meiner Gattin flammten zornige Pünktchen, die soviel bedeuteten wie: ›Siehst du! Alles strömt, nur wir sitzen noch hier...‹

»Um die Wahrheit zu sagen«, fuhr der Auskunftgeber fort, »tolerieren wir dieses Viertel überhaupt nur der Touristen wegen. An sich ist es eine Kulturschande. Tag und Nacht stehen die Fremden mit ihren Photoapparaten vor den Fenstern und knipsen drauflos, als ob sie im Zoo wären. Einfach abscheulich!«

»Abscheulich«, wiederholte ich. »Ich kann mir das sehr gut vorstellen. Die gierigen Gesichter und das Klicken der Kameras... die ganze Straße ist voll davon... die ganze... wie hieß die Straße doch gleich?«

»Straße? Das spielt sich nicht auf der Straße ab. Wenn die Herren Touristen genug geknipst haben, verschwinden sie in den Häusern und feilschen mit den armen Mädchen stundenlang um die Taxe. Es ist wirklich degoutant!«

»Degoutant ist gar kein Ausdruck.« Ich biß die Zähne zusammen, um meine Erbitterung nicht merken zu lassen. Die weithin sichtbare Depression, in der ich mich jetzt befand, rechtfertigte unsern baldigen Aufbruch.

Unsre Strategie stand fest. Wir würden die Stadt durchkämmen, würden aus dem östlichen Zipfel nach Norden vorstoßen, dann die Querstraßen in westlicher Richtung durchstreifen und uns schließlich so lange südwärts halten, bis wir irgendwo auf ein rotes Licht stießen. Früher oder später *mußten* wir eines finden.

Wir mußten nicht, und wir fanden keines.

Gegen zwei Uhr nachts hielten wir erschöpft Rast, ohne eine einzige lebende Prostituierte gesehen zu haben. Da und dort hatte zwar ein rotes Licht aufgeblinkt, aber das war dann immer eine Verkehrsampel. Ein Nachtapotheker, den ich aus tiefem Schlaf geweckt hatte, um ihn in ein Gespräch über den »ältesten Beruf der Welt« zu verwickeln, gab mir höflich zu verstehen, daß das Ackerbauministerium nachts geschlossen sei. Niedergeschlagen und hoffnungslos setzten wir unsern Weg fort. Um 3.30 Uhr hatten wir erst ein Fünftel der Stadtfläche bewältigt. Die Straßen standen leer. Amsterdam schlief.

Es war nach vier, als ich vor dem Konzertgebouw einen Polizisten stehen sah. Jetzt war mir alles egal. Mit letzter Kraft stolperte ich auf ihn zu, hielt mich an seinem Uniformkragen fest und keuchte:

»Wo sind die Huren?«

»Die zweite Brücke hinter dem Dom«, antwortete der Hüter des Gesetzes bereitwillig. »Kanalstraat.«

Dieses, geneigter Leser, ist also die Adresse. Manchmal lohnt es sich, auch ein überlanges Buchkapitel zu Ende zu lesen.

Parkplatz gesucht

Eines Morgens erwachte ich in New York mit Zahnschmerzen. Mit ganz gewöhnlichen, ungemein schmerzhaften Zahnschmerzen. Irgend etwas in meinem linken Unterkiefer war nicht in Ordnung, schwoll an und schmerzte.

Ich fragte Tante Trude, ob es hier in der Gegend einen guten Zahnarzt gäbe. Tante Trude kannte ihrer drei, alle in nächster Nähe, was in New York ungefähr soviel bedeutet wie 25 Kilometer Luftlinie.

Ich wollte wissen, welcher von den drei Zahnärzten der beste sei. Tante Trude sann lange vor sich hin:

»Das hängt davon ab. Der erste hat seine Ordination in der Wall Street. Dort wimmelt es von Zeitungsreportern, und wenn jemand einen Parkplatz findet, wird er sofort von ihnen interviewt. Ich weiß nicht, ob du das mit deinen Zahnschmerzen riskieren willst. Der zweite hat eine direkte Autobusverbindung von seinem Haus zum nächsten bewachten Parkplatz, aber er ist kein sehr angenehmer Arzt. Ich würde dir zu Dr. Blumenfeld raten. Er wohnt in einem ähnlichen Cottage-Viertel wie wir und hebt in seinen Annoncen immer hervor, daß man dort manchmal in einer nicht allzu weit entfernten Seitenstraße Platz zum Parken findet.«

Das war entscheidend. Und mein Unterkiefer war um diese Zeit schon so angeschwollen, daß es keine Zeit mehr zu verlieren gab.

Ich nahm Onkel Harrys Wagen und sauste los.

Es dauerte nicht lange, bis ich Dr. Blumenfelds Haus gefunden hatte. Auch die im Inserat angekündigten Seitenstraßen waren da, nicht aber der im Inserat angekündigte Platz zum Parken. An beiden Straßenseiten standen die geparkten Wagen so dicht hintereinander, daß nicht einmal die berühmte Stecknadel hätte zu Boden fallen können; sie wäre auf den fugenlos aneinandergereihten Stoßstangen liegengeblieben.

Eine Zeitlang kreuzte ich durch die Gegend wie ein von seiner Flugbahn abgekommener Satellit.

Dann geschah ein Wunder. Ich sah es mit meinen eigenen Augen. Das heißt: ich sah ein Wunder im Anfangsstadium. Ich sah einen amerikanischen Bürger, der sich an der Türe seines geparkten Wagens zu schaffen machte.

Schon hielt ich an seiner Seite:

»Fahren Sie weg?«

»Ob ich – was? Ob ich wegfahre?« Er wollte seinen Ohren nicht trauen. »Herr, ich habe auf diesen Parkplatz zwei Jahre lang gewartet und habe ihn erst im vorigen Herbst erobert. Damals nach dem Hurrikan, der alle hier geparkten Wagen weggefegt hat…«

Jetzt fiel mir auf, daß das Dach seines Wagens, genau wie das der anderen, mit einer dicken Staubschicht bedeckt war. Da gab es also nichts zu hoffen.

Wo ich denn möglicherweise einen Parkplatz finden könnte, fragte ich.

Die Antwort, nach längerem Nachdenken und Hinterkopfkratzen erteilt, verhieß wenig Gutes:

»Einen Parkplatz finden… Sie meinen einen *freien* Parkplatz? In Texas soll es angeblich noch einige geben. Vergessen Sie nicht, daß sich die Zahl der Autos in Amerika jedes Jahr um ungefähr fünfzehn Millionen vermehrt. Und die Länge der Autos jedes Jahr um ungefähr zehn

Inches. Der letzte Gallup-Poll hat ergeben, daß dreiundachtzig Prozent der Bevölkerung das Parkproblem für die gefährlichste Bedrohung ihres Lebens halten. Nur elf Prozent dagegen haben Angst vor dem Atomkrieg.«

Mit diesen Worten zog er einen Roller aus dem Fond seines Wagens, stieg mit einem Fuß darauf und ließ den Wagen unverschlossen stehen.

»He! Sie haben nicht abgesperrt!« rief ich ihm nach.

»Wozu?« rief er zurück. »Niemand stiehlt mehr ein Auto. Wo sollte er es denn parken?«

Mein Zahn trieb mich weiter. Aber es war ganz offenbar sinnlos. Wohin man blickte, stand geparktes Auto an geparktem Auto, und wo kein Auto stand, stand ein Pfosten mit einer Tafel, und auf der Tafel stand die Inschrift: »Von Anfang Juli bis Ende Juni Parken verboten«, oder »Parkverbot von 0 bis 24 Uhr, Sonn- und Feiertag von 24 bis 0 Uhr.« War aber irgendwo kein Wagen und keine Tafel zu sehen, so stand dort todsicher ein Feuerhydrant, dem man in Amerika unter Androhung schwerster Geld- und Freiheitsstrafen nicht in die Nähe kommen darf, nicht einmal wenn es brennt.

In einer schon etwas weiter entfernten Straße fand ich eine Affiche, aus der hervorging, daß hier am 7. August zwischen 3 und 4 Uhr nachmittags geparkt werden durfte. Ich erwog ernsthaft, so lange zu warten, aber mein Zahn war dagegen.

Endlich schien mir das Glück zu lächeln. Vor einem großen Gebäude sah ich einen leeren, deutlich für Parkzwecke reservierten Raum mit der deutlichen Aufschrift: »Kostenloses Parken für unsere Kunden.« Rasch wie der Blitz hatte ich meinen Wagen abgestellt, stieg aus, fand mich im nächsten Augenblick von hinten an beiden Schultern gepackt und im übernächsten auf einen Stuhl gedrückt, der im Büro einer Versicherungsgesellschaft stand.

»Guten Morgen, mein Herr«, begrüßte mich der Mann hinterm Schreibtisch. »Wie lange?«

»Ungefähr eineinhalb Stunden.«

Der Versicherungsagent blätterte in seiner Tarifliste:

»Das Minimum für neunzig Minuten ist eine Feuer- und Hagelversicherung auf 10000 Dollar.«

Ich erklärte ihm, daß der Wagen bereits versichert war.

»Das sagen alle. Darauf können wir keine Rücksicht nehmen.«

»Und ich kann keine Versicherung auf 10000 Dollar nehmen.«

»Dann müssen Sie eben wegfahren.«

»Dann werde ich eben wegfahren.«

Gegenüber dem Versicherungsgebäude befand sich ein Kino. Hinter dem Kino befand sich ein großer Parkplatz. Auf dem großen Parkplatz befanden sich viele große Wagen. Vor den Wagen befanden sich Parkuhren, die sechzig Minuten Maximalzeit vorschrieben. Aus dem Kino kamen fast pausenlos Leute herausgeeilt, warfen Münzen in die Parkuhren und eilten zurück.

Bei Einbruch der Dunkelheit ging mir das Benzin aus. Ich fuhr zu einer Tankstation, und während der Tank gefüllt wurde, fragte ich nach der Toilette. Dort erkletterte ich das Fenster, durchkroch eine Art Schacht, gelangte ins Magazin, stahl mich durch die Hintertüre hinaus und befand mich in einem engen, dunklen, nach Leder riechenden Raum. Es war mein Wagen, den die erfahrenen Tankstellenwärter dort abgestellt hatten.

Ihr hämisches Grinsen reizte meinen tief verwundeten orientalischen Stolz.

»Was können Sie sonst noch mit dem Wagen machen?« frage ich. »Lassen Sie hören!«

Das Offert kam prompt und sachlich:

»Ölwechsel – zehn Minuten. Überholen – eine halbe Stunde. Lackieren – eine Stunde.«

»Lackieren Sie ihn grasgrün und wechseln Sie das Öl.«

Ungesäumt startete ich in Richtung Blumenfeld. Ich schlug ein scharfes Tempo an, denn der Zettel, den man mir an der Tankstelle in die Hand gedrückt hatte, trug folgenden eindeutig präzisierten Text: »Wenn Sie nicht pünktlich nach der vereinbarten Zeit von 1.10 Uhr (das war handschriftlich eingetragen) Ihren Wagen holen, wird er in unserem eigens hierfür konstruierten Parkofen verbrannt.«

Da ich schon lange nicht trainiert hatte, geriet ich leider sehr bald außer Atem. Ich bestieg einen Bus und nahm an der Endstation ein Taxi zu Dr. Blumenfeld. Als ich dort anlangte, waren 42 Minuten vergangen, so daß ich sofort umkehren mußte. Ich kam gerade zurecht, wie die Tankstellenwärter sich anschickten, die erste Kanne Kerosin über meinen grasgrünen Wagen zu schütten.

Jetzt gab es nur noch eine Möglichkeit, und

ich war entschlossen, sie auszunützen: Ich fuhr mit meinem eigenen Wagen vor Dr. Blumenfelds Haus und ließ ihn krachend auf einen Laternenpfahl aufprallen. Erlöst entstieg ich dem Blechschaden und begab mich in die Ordination.

Gerade als Dr. Blumenfeld mit der Behandlung fertig war, ertönte von unten zorniges Hupen. Durchs Fenster sah ich, daß es von einem Wagen kam, der dicht hinter dem meinen stand. Ich sauste hinunter. Ein andrer von Dr. Blumenfelds Patienten empfing mich zornschnaubend:

»Was bilden Sie sich eigentlich ein, Sie? Glauben Sie, diese Laterne gehört nur Ihnen?«

Ich mußte ihm recht geben. Selbst in Amerika können sich nur die Reichsten der Reichen den Luxus einer eigenen Parklaterne leisten.

Supermarkt an der Tankstelle

»Brauchen Sie Ameisen?«

Es war, wie man zugeben wird, eine verwirrende Frage. So sehr wir diese kleinen emsigen Tierchen respektieren – wenn sie nicht gerade in unsere Küche eindringen, haben wir weiter keine Beziehung zu ihnen. Was sollten wir jetzt und hier, auf einer Autostraße 64 Meilen nördlich von New York, mit Ameisen anfangen?

Infolgedessen beugte ich mich zu dem ruhig wartenden Benzinverschleißer vor und sagte:

»Entschuldigen Sie – ich verstehe nicht?«

»Ich hab' noch ein paar Schachteln übrig«, präzisierte er und spülte zum Zeichen seines guten Willens unsre Windschutzscheibe ab. »Ist jetzt groß in Mode. Jeder will eine Ameisenfarm haben. Riesenspaß für die ganze Familie. Besonders die Kinder sind verrückt danach. Schauen stundenlang durch den Glasdeckel, wie die Ameisen Straßen bauen. Oder Brücken. Oder Untergrundbahnen. Alles zusammen zwei

Dollar. Ameisen gratis. In der Stadt zahlen Sie mindestens drei.«

»Danke«, antwortete ich, noch immer ein wenig verwirrt. »Im Augenblick brauche ich keine Ameisen. Ich bin nicht von hier, wissen Sie. Ich bin Ausländer. Nur zu Besuch.«

»Ausländer? Sofort!« Er schnalzte mit den Fingern, verschwand im Stationsladen und kam mit einem Dutzend überdimensionaler Faltkarten zurück, die er auf der Kühlerhaube vor uns ausbreitete.

»Dem Wagen fehlt Pflege«, bemerkte er nebenbei und begann mit einer Nylonbürste die Sitze zu säubern. »Bei mir bekommen Sie die schönsten Nylonbürsten. In allen Farben.«

»Vielen Dank. Mein Onkel ist in der Bürstenbranche.«

»Wir haben einen Onkel im Land? Den müssen wir mit einem netten kleinen Geschenk überraschen! Eine Blumenvase? Einen Lampenschirm? Eine Ziehharmonika? Rasierseife? Papagei?«

»So viel ist mir mein Onkel nicht wert. Ich mag ihn eigentlich nicht.«

»Ganz recht!« Um seine Zustimmung zu unterstreichen, begann er mir mit einem Miniatur-

Staubsauger über den Anzug zu fahren. »Man soll nie von seinen Verwandten abhängen. Hoffentlicht wohnen Sie nicht bei ihm. Mein Wohnungsvermittlungsbüro – «

»Ich bin fast immer unterwegs.«

»Welche Zeitung wollen Sie abonnieren?«

»Keine.«

»Nehmen Sie Tanzunterricht!«

»Ich kann tanzen.«

»Ölaktien?«

»Davon verstehe ich nichts.«

»Also gut. Einsfünfzig.«

»Was?«

»Die Ameisenfarm.«

»Ich sagte Ihnen doch schon, daß ich derzeit keine Verwendung für Ameisen habe.«

»Ja aber – was wollen Sie kaufen?« Er seufzte, zog einen Kamm hervor und frisierte mich kunstgerecht. Mir fiel ein, daß ich doch nur zum Tanken hierhergekommen war und daß ich dieses unwiderstehliche Verkaufsgenie nun endlich loswerden müßte.

»Eigentlich«, sagte ich unentschlossen vor mich hin, »trage ich mich mit dem Gedanken, einen Konzertflügel zu kaufen …«

Ein Leuchten ging über des Tankwarts Gesicht. Er verschwand und war in Sekundenschnelle mit einem Bündel von Prospekten zur Stelle:

»Für 1200 Dollar liefere ich Ihnen einen erstklassigen Flügel. Deutsches Fabrikat. Ich schaffe ihn direkt in Ihre Wohnung.«

»Und was, wenn Sie ihn auf der Stiege fallen lassen?«

»Kann mir nicht passieren. Mir nicht. Aber um Sie zu beruhigen: Gegen eine Aufzahlung von nur zwölf Dollar bekommen Sie von mir eine komplette Sachschaden-Versicherung. Ich bin der solideste Versicherungsagent im Umkreis. Spielen Sie selbst Klavier? Oder die Gattin?«

»Weder – noch. Wir haben nur immer davon geträumt, daß unser Sohn –«

»Wunderbar! Ich verschaffe Ihnen einen staatlich geprüften Klavierlehrer! Acht Stunden im Monat für 18,50!«

»Wer weiß – vielleicht will der Kleine gar nicht lernen?«

»75 Dollar in drei Raten – und Sie haben den besten Kinderpsychologen von ganz Amerika! Der wird den Balg schon hinkriegen!«

»Hm. Bleibt immer noch ein Haken: Wir sind kinderlos.«

»Kopf hoch! Eine einmalige, garantiert erfolgreiche Beratung durch einen anerkannten Fachmann kostet Sie nicht mehr als –«

»Halt!« fuhr ich dazwischen, denn mir war plötzlich der erlösende Gedanke gekommen. »Übernehmen Sie auch das Verfassen von Reisebüchern?«

»Selbstverständlich. 1500 Dollar für 220 Manuskriptseiten, zweizeilig, 65 Anschläge pro Zeile.«

»Aber es muß lustig sein!«

»Kein Problem. Macht 15 Dollar Zuschlag für jeden Druckbogen…«

Und so geschah es, daß dieses Buch – wie der geneigte Leser wohl schon längst geargwöhnt hat – von einem Tankstellenwärter im Staate New Haven geschrieben wurde.

Roulette in Las Vegas

»Wer in Hollywood ist und nicht nach Las Vegas fährt«, sagt ein altes mohammedanisches Sprichwort, »der ist entweder nicht normal, oder er war schon dort.«

Las Vegas im Staate Nevada gilt mit Recht als das Monte Carlo der USA. In ganz Nordamerika sind Glücksspiele verboten, ausgenommen die Börse und ausgenommen Nevada, das sich um die Gesetze der übrigen amerikanischen Staaten nicht kümmert. Übrigens ist Nevada von allen amerikanischen Staaten der ärmste. Besser gesagt: es *war* der ärmste, bevor meine Frau und ich hinkamen.

Natürlich wußten wir ganz genau, was uns dort erwartet. Wir würden, so sprachen wir darum zu uns selbst, wir würden 10 Dollar beim Roulette riskieren, keinen Cent mehr, 10 Dollar und Schluß.

Als wir mitten in der nevadensischen Wüste dem Flugzeug entstiegen, hatte ich überdies schon die Tickets in meiner Tasche, die uns vier

Stunden später nach New Orleans bringen würden. Jedes Risiko war ausgeschlossen.

Las Vegas besteht aus einer grandiosen Hauptstraße und keinen wie immer gearteten Nebenstraßen. Die Hauptstraße besteht aus Hunderten von Casinos und Tausenden von Glücksrittern. Eines dieser Casinos betraten wir. Es hieß »Sand's«, und das verursachte uns ein anheimelndes Gefühl. Wir fühlten uns an den Negev erinnert.

Eine unübersehbare Menge Irrsinniger staute sich in der großen Halle, drängte sich um die Slotmaschinen, spielte Karten und natürlich Roulette. Die Slotmaschinen faszinierten uns ganz besonders. Man wirft mit der linken Hand eine Münze ein und betätigt mit der rechten einen Hebel, worauf hinter einer gläsernen Querleiste drei mit verschiedenen Früchten geschmückte Zylinder wild zu rotieren beginnen. Nach einiger Zeit bleiben sie stehen, und wenn dann alle drei die gleichen Früchte zeigen, ergießt sich aus Fortunas Füllhorn ein Regen kleiner und großer Münzen in die Taschen des Gewinners. Man muß nur wissen, wie man den Hebel am besten niederdrückt und wann man ihn am besten losläßt. Oft dauert es stunden- oder tagelang, ehe man dahinterkommt. Aber wenn man das weiß, versteht man auch, warum es in Nevada so viele traurige Menschen mit überentwickelten rechten Armmuskeln gibt.

Zugegeben: das Spiel ist nicht sehr intelligent. Es nahm uns auch nicht länger als drei Minuten in Anspruch. Wir sind ja keine kleinen Kinder.

Mit den verbliebenen fünf Dollar begaben wir uns an einen Roulettetisch und erstanden 10 Chips im Werte von je 50 Cents.

»Spielen wir nach der todsicheren Methode«, schlug ich vor. »Schultheiß hat damit vor ein paar Jahren fünfzehnhundert Dollar gewonnen. Man muß immer dieselbe Farbe setzen. Gewinnt man, ist es gut. Wenn nicht, verdoppelt man den Einsatz. Verliert man wieder, verdoppelt man ihn noch einmal. Man verdoppelt ihn so lange, bis man gewinnt. Und einmal *muß* man doch gewinnen.«

Niemand wird bestreiten, daß das ganz einfach und überzeugend klingt, beinahe wissenschaftlich.

Wir setzten 50 Cents auf Schwarz. Ich wollte auf Rot setzen, aber die beste Ehefrau von allen blieb standhaft.

Rot kam. Das schadete nichts. Wir verdoppelten den Einsatz, wie es die todsichere Methode vorschrieb. Rot kam. Jetzt betrug unser Einsatz auf Schwarz bereits 2 Dollar. Es kam Rot.

»Ich hab' dir doch gesagt, daß wir auf Rot setzen sollen«, zischte ich meiner Gattin zu. »Wie kann man von allen Farben ausgerechnet auf Schwarz verfallen?«

Wir kauften vom Croupier 10 Ein-Dollar-Chips und zweigten sofort 4 Dollar für den nächsten Einsatz ab, diesmal auf Rot. Schwarz kam.

Jetzt erst zischte meine Gattin zurück.

»Idiot!« zischte sie. »Seit wann wechselt man mitten im Spiel die Farbe?«

Die nächsten 10 Ein-Dollar-Chips, die wir gekauft hatten, setzten wir brav und folgsam auf Schwarz. Rot kam. Schultheiß kann was erleben, wenn ich ihn nächstens treffe.

16 Dollar auf Schwarz. Und was kam? Allerdings.

Kalter Schweiß stand mir auf der Stirn. Was meine Frau betraf, so war ihr Gesichtsausdruck eine pikante Mischung aus Blässe, Schrecken und mühsam zurückgedämmtem Haß.

Eine Verbrecherhöhle. Wir waren unter Verbrecher geraten. Besonders dieser Croupier mit dem unbeweglichen Gesicht. Er muß bis vor wenigen Tagen der Boß einer Gangsterbande gewesen sein. Wahrscheinlich ist er es noch. Verbrecher, wohin das Auge blickt. Das ist Amerika. Nichts als Dekadenz und Opium für die Massen. Pfui Teufel.

Ich kaufte Chips für 32 Dollar und setzte den ganzen Haufen auf Schwarz. Der Croupier drehte das Rad und ließ die Kugel rollen. Und plötzlich wußte ich, mit einer über jeden Zweifel erhabenen Sicherheit wußte ich, daß jetzt Rot kommen würde. Dieses unfehlbare Gefühl läßt sich nicht erklären. Du hast es, oder du hast es nicht. Es ist, als wären die Schuppen von deinem inneren Auge gefallen und als hätte eine innere Stimme das Wörtchen »Rot« in dein inneres Ohr geflüstert. Ich schob die Chips auf Rot.

»Nein!« kreischte die beste Ehefrau von allen und ergriff die Chips. Schon lagen sie wieder auf Schwarz.

Ein stummer, verzweifelter Kampf begann. Ich bin der Mann. Ich blieb Sieger. In der letzten Sekunde erreichten unsere Chips das rote Feld.

»Zu spät!« schnarrte der Croupier und schob das ganze Geld auf Schwarz zurück.

Das hätte er nicht tun sollen. Schwarz kam und brachte uns 64 Dollar. Roulette ist ein großartiges Spiel. Es ist nicht nur anregend und entspannend, sondern wirft auch reichen Lohn für den instinktsicheren Spieler ab, der das Glück zu meistern versteht.

Ich nickte dem Croupier, einem ungewöhnlich sympathischen jungen Menschen, freundlich zu und berechnete, wieviel wir bisher gewonnen hatten.

Wir hatten einen Dollar gewonnen.

Aber wir besaßen immerhin 64 Ein-Dollar-Chips.

»Dieses blöde Einsatz-Verdoppeln geht mir zu langsam«, äußerte die beste Ehefrau von allen. »Ich spiele Nummern.«

Es gibt 36 Nummern auf dem Rad, und wenn die gesetzte Nummer kommt, bringt sie 36faches Geld. Einer an der Wand hängenden Ehrentafel konnte man entnehmen, daß im Jahre 1956 ein Cowboy die Bank dieses Casinos gesprengt und Las Vegas mit 680 000 Dollar in der Tasche verlassen hatte. Was ein Cowboy kann, müßten auch wir können.

Meine Frau setzte einen Dollar auf 25. Blinde Wut überkam mich. Warum gerade 25?

»Du bist verrückt! Setz auf 19! Ich garantiere für 19!«

Jetzt gab sie sich keine Mühe mehr, ihren Haß zu verbergen:

»Du verdirbst mir alles. Ich hätte dich nicht mitnehmen sollen. Ich hätte dich nicht heiraten sollen. Alles verdirbst du mir.«

Da sie die Chips verwaltete, unternahm ich nichts weiter und überließ sie ihrem Schicksal. Wollen sehen, was sie aufsteckt.

Ich meinerseits kaufte Chips für 5 Dollar und setzte sie auf die klar zutage liegende Nummer 19. Die Spannung war unerträglich. Mit angehaltenem Atem folgten wir dem Lauf der Kugel. Endlich fiel sie.

Sie fiel auf 25. Ich verstehe bis heute nicht, wie das geschehen konnte. Meine Frau strich 36 Dollar ein. Seit frühester Kindheit habe ich mich nicht mehr so erniedrigt gefühlt. Eine Säule von runden Chips türmte sich vor ihr auf, und vor mir war alles leer. Sie aber warf auch noch einen Dollar »pour les employés« hin. Ich haßte sie.

»Hast du keine bessere Verwendung für dein Geld?« fragte ich mit vornehmer Zurückhaltung.

»Rutsch mir den Buckel herunter«, lautete ihre weit weniger vornehme Antwort. »Mit meinem Geld kann ich machen, was ich will. Und verschwind schon endlich! Es ist eine alte Regel, daß man keinen Schlemihl in seiner Nähe haben soll, wenn die Glückssträhne einsetzt.«

Ich entfernte mich tief betroffen und in der unerschütterlichen Überzeugung, daß 19 die richtige Nummer und 25 nur durch einen Zufall gekommen war.

Beim Bakkarat-Tisch blieb ich stehen, entnahm meiner Brieftasche eine 20-Dollar-Note und legte sie irgendwohin. Ich wußte weder wohin noch warum. Ich kannte das Spiel nicht. Der Bankier gab mir zwei Karten und sich selbst ebenfalls zwei. Dann deckte er die seinen auf. Dann deckte ich die meinen auf. Dann hatte ich verloren, und er raffte mein Geld an sich.

Ich ging zum Roulette zurück und fand meine Frau einer Ohnmacht nahe, so aufgeregt war sie: Berge von Chips lagen vor ihr auf dem Tisch, richtige kleine Berge. Vor freudiger Überraschung blieb mir der Mund offen. Jetzt würden wir mindestens drei Wochen in New Orleans bleiben können. Was für eine prächtige Gefährtin habe ich doch! Ihre rosigen Wangen glühten und ihre mandelförmigen Augen blitzten, während ihre wundervoll graziösen Hände über die Beute strichen. Möge sie leben und gesund sein bis 120...

»Putzili«, girrte ich. »Sag, wie hast du das gemacht?«

»Frag nicht so blöd«, antwortete sie mit heiserer Stimme.

»Ich hab' mir für hundert Dollar Chips gekauft.«

Ein Blick auf ihr verzerrtes Gesicht bestätigte mir die fürchterliche Wahrheit ihrer Worte. Ich hatte ja gewußt, daß dieses Monstrum alles verlieren würde, Gott helfe mir. Wie sie nur dasaß! Die Augen stier an die Kugel geheftet, die Finger gierig um die Geldbörse gekrallt – wahrhaftig, sie sah kaum noch menschlich aus. Und in der Geldbörse war unser ganzes Geld. Sie warf es in frivolem Leichtsinn hinaus, sie opferte die mühsam erworbenen, im Schweiß unsres Angesichts zum offiziellen Kurs eingewechselten Dollar dem Spielteufel. Kein Zweifel: sie war verrückt geworden. Wann hat man je gehört, daß ein vernünftiger Mensch auf 5 setzt? Oder gar auf 3, wie sie es jetzt tat?

Das Häufchen Chips vor ihr wurde kleiner

und kleiner. Eine flüchtige, eher nach unten abgerundete Berechnung ergab eine Verlustquote von 2 Dollar pro Minute.

Ich sah nach der Uhr. In anderthalb Stunden ging unser Flugzeug nach New Orleans. Wie die Dinge lagen, konnten wir dort höchstens noch drei Tage verbringen.

Und jetzt hat sie wieder auf 25 gesetzt. Werden Frauen denn nie aus ihren Fehlern lernen?

Etwas mußte geschehen. Ich kann unmöglich tatenlos mitansehen, wie unsre Zukunft mit einer Minutengeschwindigkeit von 2 Dollar ruiniert wird.

»Liebste«, flüsterte ich, »laß uns einkaufen gehen.«

»Geh allein!«

»Eine Handtasche. Wir kaufen eine schöne Handtasche für dich.«

Der Laden, so spekulierte ich, ist 5 Minuten entfernt, das sind 10 Minuten hin und zurück, das ergibt netto 20 Dollar, und das ist selbst nach Abzug des Handtaschenpreises noch immer ein ganz hübscher Reingewinn. So leicht bin ich schon lange nicht zu Geld gekommen. Genauer: *wäre* ich zu Geld gekommen – wenn meine Frau darauf eingegangen wäre. Statt dessen hat sie beim Croupier schon wieder einen Berg von Chips gekauft.

Und keine innere Stimme, die mir zuraunt, welche Nummer jetzt kommen wird. Sie raunt nur immer wieder: »Leb wohl, New Orleans, leb wohl...«

Ich bringe meiner Gattin ein Glas Tee. Eine Minute gewonnen. Macht 2 Dollar abzüglich Getränkesteuer.

Nächster Versuch: »Gehen wir zu den Slotmaschinen.«

Dort nämlich kostet die Minute höchstens einen Dollar.

Sie will nicht. Sie will Roulette spielen. Sie setzt – und zwar gleichzeitig – 8, 9, 10, die Transversale 4-6, Zero, Rot, erstes Dutzend. Es kommt 22, Schwarz, zweites Dutzend. Wenn wenigstens die Nummer 19 gekommen wäre, auf die ich von Zeit zu Zeit 10 Dollar setze...

Aber die Kugel ist rund, und endlich scheint's, als wollte das Glück uns lächeln. Ein sichtlich nervöser Spieler schreit meine Frau an, weil sie immer dieselben Nummern setzt wie er und ihn dadurch um alle Chancen bringt. Meine Frau schreit zurück: im Gegenteil, *er* bringe *sie* um alle Chancen, weil er immer knapp vor ihr seine

Chips auf die Nummern setzt, die sie spielen will. Ein lautstarkes Wortgefecht bricht aus, das Rad steht volle acht Minuten still (16 Dollar). Da meine eigene Frau in den Streit verwickelt ist, muß ich Partei ergreifen. Ich trete auf einen der bewaffneten Saalwächter zu und ersuche ihn, die schreiende Weibsperson dort am Tisch aus dem Casino zu weisen. Der Gangster zuckt die Achseln: Schreien sei kein Ausweisungsgrund. Schade. Das hätte zwei Tage in New Orleans bedeuten können.

Der geistige Verfall meiner Gattin macht rasende Fortschritte. Sie setzt gleichzeitig 18, Ungerade, Schwarz, 25, 2, die Transversale 4-6, das dritte Dutzend, das zweite Dutzend, 6 Zero, 7, 9 und 13. Und Rot. Und das erste Dutzend. Und 8.

In wilder Panik stürze ich zu einer der Telephonzellen und rufe aus dem Casino das Casino an:

»Bitte lassen Sie sofort Mrs. Kitschen ans Telephon holen. Sie sitzt am zweiten Tisch von links. Es ist dringend.«

»Um was handelt sich's?«

»Um einen Schlaganfall in der Familie.«

Zum Glück ist der Tisch ziemlich weit von der Zelle entfernt, und obwohl Mrs. Kitschen in scharfem Tempo angerannt kommt, vergehen 4 Dollar.

»Hallo?«

»Mrs. Kitschen«, sage ich in fließendem Englisch, »die Direktion möchte Ihnen zur Kenntnis bringen, daß nach den Gesetzen des Staates Nevada kein Casinogast länger als zwei Stunden ununterbrochen Roulette spielen darf. Da Sie leider schon –«

»Halt den Mund, Idiot! Glaubst du wirklich, daß ich dich nicht erkannt habe?«

Und schon saust sie an den Tisch zurück. Immerhin: 9 kostbare Minuten sind gewonnen, fast ein ganzer Tag in New Orleans. Und in einer halben Stunde, der Himmel sei bedankt, müssen wir am Flughafen sein.

Ich schleppe unser Gepäck zur Tür und locke durch heftige Winksignale meine Gattin herbei.

»Um Himmels willen!« Ihre Stimme bebt vor jähem Entsetzen. »Wo ist meine schwarze Handtasche?!«

Ich habe keine Ahnung. In der schwarzen Handtasche befinden sich unter anderm die kosmetischen Utensilien meiner Frau. Eine Suche im Wert von mindestens 20 Dollar beginnt. Endlich wird die Handtasche gefunden. Irgend jemand hat sie hinter der Tür versteckt. Ich reiße die Tasche an mich und öffne sie, um das verbliebene Geld zu zählen.

Es ist kein Geld verblieben. Es gibt nichts zu zählen. Meine Frau hat 230 Dollar verloren. 230 Dollar sind ihr durch die Finger geglitten, für nichts und wieder nichts. Wenn sie wenigstens auf 19 gesetzt hätte, so wie ich meine 350 Dollar. Aber vielleicht können wir trotz allem noch zwei Tage in New Orleans verbringen.

Auf dem Flugplatz teilt man uns mit, daß sich der Abflug um eine halbe Stunde verzögern wird. Warum? Bald haben wir die Ursache entdeckt. Im Warteraum stehen 20 Slotmaschinen. Man braucht nur eine Münze einzuwerfen ... und den Hebel zu betätigen... es ist ganz einfach.

Wie singt der Dichter? »Meine rechte Hand verdorre, könnt' ich jemals dein vergessen, o Las Vegas in Nevada.«

Übrigens: kennen Sie New Orleans? Ich nicht.

Zu Auskünften stets bereit

Es ist nur natürlich, daß die Touristen das charmante, lebensfrohe, wohlgelaunte Volk Italiens lieben. Aber daß die Italiener ihrerseits die Touristen lieben, grenzt ans Perverse. Beinahe könnte man glauben, daß die Italiener es darauf angelegt hätten, die bekannte Lipschitz-Definition des Touristen Lügen zu strafen: sie betrachten den ausländischen Reisenden als menschliches Wesen und behandeln ihn mit liebevoller Obsorge. Manchmal geht diese Obsorge so weit, daß man sich überhaupt nicht mehr auskennt.

Ein gutes Beispiel dafür lieferte mir der hilfreiche Luigi. Ich traf ihn in Genua, am Tag meiner Ankunft. Auf einer ziellosen Wanderung durch die unübersichtlichen Straßen der Stadt hatte ich mich verirrt und hielt an einer Autobusstation inne, wo mehrere Leute warteten. Ein rundlicher, älterer Herr mit einem kleinen Paket in der Hand erweckte mein Vertrauen. Ich fragte ihn nach dem Hotel Excelsior. Wieder einmal bestätigte sich mein genialer Instinkt: der Mann sprach leidlich deutsch.

»Hotel Excelsior? Kommen Sie!«

Wir bestiegen den Bus und setzten uns nebeneinander. Mein freiwilliger Führer deutete auf das kleine Paket und sagte: »Ich habe mir wollene Unterhosen gekauft.«

»Ach?« antwortete ich. »Wirklich?«

»Im Winter muß man etwas Warmes um den Bauch haben«, fuhr mein Nachbar fort. »Sonst erkältet man sich. Meine Frau sagt mir immer: ›Keine falsche Scham, Luigi‹, sagt sie immer. ›Du kannst dir ruhig ein Frottierhandtuch um den Leib binden.‹ Sie weiß, daß ich in diesen Dingen ein wenig schamhaft bin. Wir haben oft Streit deswegen. Sie, zum Beispiel, hängt ihren Büstenhalter ungeniert auf dem Balkon zum Trocknen auf. Ich habe ihr schon Dutzende Male – was sage ich, Hunderte Male habe ich ihr gesagt: ›Willst du denn unbedingt‹, sage ich ihr immer wieder, ›daß die Leute über dich reden?‹ Und was sagt sie darauf? Sie sagt: ›Paß lieber auf dich selbst auf und komm nicht jede Nacht besoffen nach Haus‹, sagt sie. Was sagen Sie dazu? Dabei ist sie so dick, daß die Stühle unter ihr zusammenbrechen, wenn sie sich draufsetzt...«

»Na ja«, warf ich ein. »So ist das Leben.«

»Ich habe sie geheiratet, obwohl sie nicht einen lausigen Centesimo im Vermögen hatte«, erweiterte Luigi seine Informationen. »Rein gar nichts hat sie in die Ehe mitgebracht, rein gar nichts. Darüber schweigt sie sich natürlich aus. Alles, was sie kann, ist keppeln und keifen und schimpfen. Und eifersüchtig ist sie! Bei der Madonna von Padua, so etwas von Eifersucht gibt es kein zweitesmal. Schon seit Jahren verdächtigt sie mich, daß etwas zwischen mir und der Signora Cattini los ist, die den Zeitungskiosk neben der Kathedrale hat, gleich rechts, unter den Arkaden. Und dabei schwöre ich Ihnen, lieber Herr, daß sie, also meine Frau, viel hübscher ist als diese Cattini. Auch wenn sie immer fetter wird. Das macht nichts. Das hab' ich sogar ganz gern. Aber versuchen Sie einmal, mit einer Wahnsinnigen zu reden. Ich bekomme kaum noch etwas andres zu hören als Cattini hin und Cattini her. Jede Nacht geht's von neuem los: ›Du hast deine Zeitung schon wieder bei der Cattini gekauft. Ich hab's mit meinen eigenen Augen gesehen. Bei der Cattini.‹ Na wenn schon. Warum soll ich meine Zeitung nicht bei der Cattini kaufen? Ist das vielleicht ein Verbrechen?«

»Nein«, murmelte ich verlegen. »Ich glaube nicht, daß das ein Verbrechen ist.«

Unser Bus fuhr jetzt entlang der Meeresküste. Ein hinreißendes Panorama bot sich mir dar. Vom Hotel Excelsior war allerdings keine Spur.

Luigi nahm die Schilderung seines Elends wieder auf.

»Der einzige Mensch, der noch besser keppelt und keift als meine Frau, ist ihre Mutter. Manchmal keppeln und keifen sie beide zusammen. Dann falte ich die Hände und sage: ›Bei der heiligen Mutter von Padua‹, sage ich, ›wie kann man so viel keppeln und keifen?‹ Und was antwortet diese alte Hexe von Schwiegermutter? Sie antwortet: ›Du halt den Mund, du mit deinem Vorstrafenregister!‹ Vorstrafenregister! Einfach lächerlich. Nur weil man mich einmal, vor zwei oder drei Jahren, für eine kleine Weile eingesperrt hat. Marcello und ich hatten damals ein wenig über den Durst getrunken, wir waren in guter Laune und warfen ein paar Topfpflanzen durch ein paar Fensterscheiben. Das war alles. Sogar der Richter sagte: ›Luigi‹, sagte er, ›ich betrachte deine makellose Vergangenheit und dein bitteres Schicksal als Milderungsgrund.‹

Das war alles. Und jetzt frage ich Sie, lieber Herr: ist das ein Vorstrafenregister? *Sie* kommt aus einer Familie mit Vorstrafen, *sie*. Das kann ich Ihnen ruhig sagen, es ist kein Geheimnis. Die ganze Welt weiß, daß ihr Vater ein Rauschgiftschmuggler war. Er hat bei dieser Gelegenheit drei Finger verloren, weil sie ihm weggeschossen wurden. So einer war er. Einmal kommt mein Töchterchen aus der Schule nach Hause und fragt: ›Pappi‹, fragt sie, ›ist es wahr, daß man unsern Opa gehängt hat?‹ Was soll man da sagen. Ich kann das arme Kind doch nicht anlügen. Schlimm genug, daß sie in der Schule solche Sachen hört. Wo sie doch ohnehin jedes Jahr durchfällt. Zum Glück fuhren wir damals gerade im Bus, und ich konnte sie ablenken. ›Es ist Zeit zum Aussteigen‹, sagte ich. ›Es ist Zeit zum Aussteigen.‹«

Erst als er sich erhob und dem Ausgang zustreben wollte, wurde mir klar, daß seine letzten Worte sich bereits auf die Gegenwart bezogen. Ich hielt ihn zurück:

»Entschuldigen Sie – wie weit ist es jetzt noch zum Hotel Excelsior?«

»Hotel Excelsior? Nie gehört. Aber Sie werden es schon finden.« Er winkte mir zum Abschied fröhlich zu. »Nette kleine Unterhaltung, die wir miteinander hatten, wie? Auf Wiedersehen! Und viel Glück!«

Die Geschichte vom Zauberpulver

Zu den vielen Talenten der italienischen Nation gehört auch ein hervorragend entwickelter Geschäftssinn. Ich kann mich nicht entsinnen, daß meine Gattin oder ich oder wir beide aus einem italienischen Laden jemals nur mit den Dingen herausgekommen wären, zu deren Einkauf wir uns hineinbegeben hatten. Noch der kleinste italienische Geschäftsinhaber verfügt über eine schlechthin unwiderstehliche Verkaufstechnik, die er durch einen pausenlosen Redeschwall und ein im wahrsten Sinne gewinnendes Lächeln unterstützt. So füllten sich unsere Koffer beklemmend rasch mit allen möglichen Schals und Halstüchern und Krawatten in allen möglichen Farben, mit scharf zugespitzten Schuhen, mit den feinsten Salatölen, mit Strohhüten und Füllfedern und Feuerzeugen. Es war einfach unmöglich, einem italienischen Verkäufer Nein zu sagen. Und von jedem kleinen Verkaufsstand, den wir auf der Straße erspähten, fühlten wir uns mit magnetischer Gewalt angezogen.

Es folgt nunmehr die Geschichte vom Zauberpulver.

Eines Tages sah ich unweit des Doms eine wogende Menge, die sich um einen jungen Mann von rustikalem Äußeren drängte. Der junge Mann hielt einen weißgrauen Stoffetzen mit zahlreichen abscheulichen Flecken in der Hand und schwenkte ihn aufgeregt durch die Luft, während er den folgenden, vollkommen pausenlosen Begleittext von sich gab:

»...die Gattin schreit entsetzt auf und springt in die Höhe reißt sich büschelweise die Haare aus und schreit Pappa schreit sie du hast schon wieder dein Jackett dein Hemd deine Krawatte dreckig gemacht oder dein Pyjama deine Unterhosen deine Socken oder weiß Gott was schreit sie ununterbrochen aber kein Anlaß zur Aufregung junge Frau nur die Ruhe nur die Ruhe Sie nehmen ganz einfach dieses Zauberpulver und streuen ein klein wenig darauf nur ein klein wenig streuen Sie auf den Fleck und tauchen das Ganze kurz ins Wasser und wenn Sie's herausziehen bleibt Ihnen der Mund vor Staunen offen der Fleck ist verschwunden er ist weg er ist fort er ist nicht mehr da er hat sich in Nichts aufgelöst er ist unsichtbar es hat nie einen Fleck gegeben und Pappa bekommt einen Kuß und alles ist in Ordnung ...«

Den zweiten Teil seiner Rede begleitete der junge Mann mit überzeugenden Demonstrationen, indem er den Fetzen abwechselnd in Benzin, in Terpentin, in Zitronensaft, in Schwefelsäure und noch in einige andere Lösungen tauchte, ohne daß sich an den Flecken etwas änderte. Dann bestreute er einen Fleck mit etwas Zauberpulver, ließ ihn ein kurzes Wasserbad nehmen – und siehe da: der Fleck war weg und verschwunden und unsichtbar und nicht mehr vorhanden.

»... weit und breit alles wie neu und wenn die Hausfrau entsetzt aufschreit und in die Höhe springt und sich die Haare büschelweise ausreißt gibt Pappa ein wenig Zauberpulver drauf und bekommt einen Kuß die Packung zu hundert Lire nicht mehr als eine Schachtel Zündhölzchen zwei Jahre Garantie der Fleck ist weg ...«

Kein Zweifel: ein gütiges Schicksal hatte mich mit diesem jungen Ökonomen zusammengeführt. Ich erstand fünf Packungen mit Gebrauchsanweisung, sauste ins Hotel und verzierte das kostbare Seidentuch, das wir erst tags zuvor gekauft hatten, mit einem kunstvollen

Tintenfleck. Und die Gattin schrie entsetzt auf sprang in die Höhe riß sich büschelweise die Haare aus aber kein Anlaß zur Aufregung junge Frau nur die Ruhe nur die Ruhe wir nehmen ganz einfach dieses Zauberpulver und streuen ein wenig drauf und tauchen das Ganze kurz ins Wasser und ziehen es heraus und der Fleck ist noch da und sichtbar und vorhanden und geht nicht weg und wird immer größer.

Pappa bekam keinen Kuß.

Dann fiel mir ein, daß das Zauberpulver vielleicht nur eine bestimmte Art von Flecken entfernt, die in Italien patentiert waren. Ich sauste zum Dom zurück. Aber der junge Mann mußte sich mittlerweile selbst mit einer größeren Dosis Zauberpulver bestreut haben. Er war verschwunden weg fort unsichtbar nicht mehr da.

Sollte ihm dieses Buch zufällig einmal in die Hand fallen, dann möge er mir auf raschestem Weg fünf Packungen italienische Flecken zukommen lassen. Ich zahle.

Spaghetti alla monumentale

Man weiß, daß jedes Volk seine Nationalspeise hat (die Israelis zum Beispiel den arabischen Shish-kebab). Für die Italiener bedeuten jedoch Spaghetti keine bloße Nationalspeise, sondern eine psychopathologische, traumatisch vererbte Zwangshandlung. Die Italiener essen fast pausenlos, und fast pausenlos Spaghetti. Es gibt schlechthin nichts, wozu sie keine Spaghetti äßen. Wenn man ein Beefsteak bestellt, greift der Kellner zuerst einmal in einen Bottich mit Spaghetti. Ohne Spaghetti kein Fleisch, kein Fisch, keine Vorspeise, keine Nachspeise, keine Spaghetti. Einmal, als ihr wieder die nichtbestellten Spaghetti serviert wurden, wagte meine todesmutige Gattin Einspruch zu erheben:

»Bitte, wir haben keine Spaghetti bestellt.«

»Signora«, wies der Kellner sie zurecht, »das sind keine Spaghetti. Das sind Allegretti con brio alla pomodore di Ottorino Respighi …«

Denn die Italiener haben immer wechselnde Namen für die immer gleichen Spaghetti. Man weiß eigentlich nie, was man ißt, wenn man Spaghetti ißt – außer daß es Spaghetti sind. Proteste fruchten nichts, da kann man reden, soviel man will. Außerdem gehörte es zu des weißen Mannes schwersten Bürden, die Kunst des Aufgabelns zu erlernen. Nach Italien eingewanderte Familien brauchen oft drei Generationen lang, ehe sie es fertigbringen, diese acht Meter langen Gummischläuche richtig zu rollen.

Eines Tages wurde es mir zu dumm. Ich zog mein Taschenmesser und zerschnitt die wildgewordene Spaghettischlange in kleine Stücke. Meine Gattin wollte vor Scham in die Erde versinken. Mich aber rettete meine Tollkühnheit vor dem Hungertod.

Neben den Spaghetti haben die Italiener noch eine andre Schwäche: Reiterstandbilder.

An jeder zweiten Straßenecke sieht man sich plötzlich einem Kriegshelden gegenüber, der hoch zu Roß mit ausgestrecktem Arm und ebensolcher Adlernase auf seinem Postament thront. Eine lange lateinische Inschrift auf dem Postament preist den Mut und die Todesverachtung des bekannt martialischen Italienervolkes. Keine italienische Familie, die etwas auf sich hält, würde darauf verzichten, mindestens ein bis zwei

Reiterstandbilder zu stiften. Sofort nach Beendigung der Trauerperiode besinnt sich die italienische Witwe und spricht:

»Unser Peppino ist doch immer so schrecklich gerne zum Pferderennen gegangen. Wir sollten ihm vor dem Laden ein Denkmal setzen...«

Und bald darauf thront der selige Peppino, das kampflustig gezogene Schwert in der Rechten, auf bronzenem Zelter inmitten des Marktplatzes, wo sich seine Gemischtwarenhandlung befindet, und rings um das Piedestal grüßen seine Kundschaften, in weißen Marmor gehauen, mit erhobenem Arm zu ihrem Helden empor...

Zu dieser Ausgabe

insel taschenbuch 2393: Der vorliegende Band präsentiert eine Auswahl von Reisegeschichten aus: *Kishons beste Geschichten.*

Das schöne insel taschenbuch in großer Schrift

it 2323

Isabel Allende
Das Geisterhaus
it 2341

Isabel Allende
Wenn du an mein Herz rührtest
it 2362

Isabel Allende
Eine Rache
it 2377

Elizabeth von Arnim
Elizabeth und ihr Garten
it 2338

Elizabeth von Arnim
Verzauberter April
it 2346

it 2361

Das schöne insel taschenbuch in großer Schrift

it 2363

Elizabeth von Arnim
Alle meine Hunde
it 2369

Elizabeth von Arnim
Einsamer Sommer
it 2375

Jane Austen
Verstand und Gefühl
it 2365

it 2371

Emily Brontë
Die Sturmhöhe
it 2348

Hans Carossa
Eine Kindheit
it 2345

Gilbert Keith Chesterton
Die schönsten Pater-Brown-Geschichten
it 2332

Das schöne insel taschenbuch in großer Schrift

Fjodor Michailowitsch
Dostojewski
Helle Nächte
it 2328

Fjodor Michailowitsch
Dostojewski
Der Spieler
it 2350

it 2359

it 2314

Theodor Fontane
Effi Briest
it 2340

Max Frisch
Homo faber
it 2344

Frohe Ostern
it 2372

Das schöne insel taschenbuch in großer Schrift

Fröhlicher Advent
it 2356

Die schönsten
Gutenachtgeschichten
it 2379

Hermann Hesse
Mit der Reife wird man
immer jünger
it 2311

it 2339

it 2343

Hermann Hesse
Die Märchen
it 2349

Hermann Hesse
Wanderung
it 2354

Das schöne insel taschenbuch in großer Schrift

Hermann Hesse
Jedem Anfang wohnt ein Zauber inne
it 2357

Hermann Hesse
Wolken
it 2367

Hermann Hesse
Eigensinn macht Spaß
it 2373

Ricarda Huch
Der letzte Sommer
it 2315

Monica Huchel
Meine Katzen
it 2368

Tages- und Jahresfreuden
it 2353

it 2378

it 2334

Das schöne insel taschenbuch in großer Schrift

it 2342

Milan Kundera
Das Leben ist anderswo
it 2347

Katherine Mansfield
Eine indiskrete Reise
it 2364

Eduard Mörike
Mozart auf der Reise nach Prag
it 2320

Adolf Muschg
Ein ungetreuer Prokurist
it 2326

Ernst Penzoldt
Der dankbare Patient
it 2310

it 2360